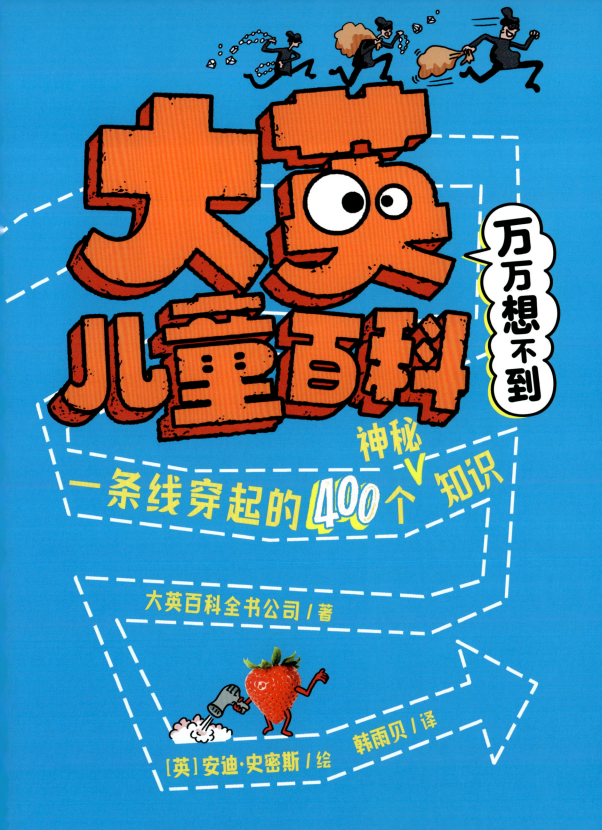

大英
儿童百科

万万想不到

一条线穿起的 400 个 神秘 知识

大英百科全书公司 / 著

[英] 安迪·史密斯 / 绘　　韩雨贝 / 译

童趣出版有限公司编译　　人民邮电出版社出版
北　京

图书在版编目（CIP）数据

一条线穿起的 400 个神秘知识 ／ 美国大英百科全书公司著 ；（英）安迪·史密斯绘 ；童趣出版有限公司编译 ；韩雨贝译. -- 北京 ：人民邮电出版社，2025. --（大英儿童百科万万想不到）. -- ISBN 978-7-115-66729-8

Ⅰ．Z228.1

中国国家版本馆 CIP 数据核字第 2025WT6673 号

审图号：GS（2025）0799号

著作权合同登记号　图字：01-2024-1499

本书中文简体字版由福州号角文化传媒有限公司授权童趣出版有限公司，人民邮电出版社出版。未经出版者书面许可，对本书的任何部分不得以任何方式或任何手段复制和传播。

Originally published in English by What on Earth! as Secret FACTopia!

First published in the UK and USA in 2024

Text copyright © 2024 What on Earth Publishing Ltd. and Britannica, Inc.

Illustrations copyright © 2024 Andy Smith

All rights reserved.

著　　　：大英百科全书公司

绘　　　：[英] 安迪·史密斯

译　　　：韩雨贝　　责任编辑：张艳婷

责任印制：赵幸荣　　封面设计：马语默

排版制作：白文丹

编　　译：童趣出版有限公司

出　　版：人民邮电出版社

地　　址：北京市丰台区成寿寺路11号邮电出版大厦（100164）

网　　址：www.childrenfun.com.cn

读者热线：010-81054177　　经销电话：010-81054120

印　　刷：天津海顺印业包装有限公司

开　　本：889×1194 1/16　　印张：13.5　　字数：185千字

版　　次：2025年5月第1版　　2025年5月第1次印刷

书　　号：ISBN 978-7-115-66729-8

定　　价：68.00元

创作团队

大英百科全书公司（Encyclopaedia Britannica, Inc.）出版了世界三大百科全书之一——《大英百科全书》，250 多年来一直致力于激发人们的好奇心与学习兴趣。大英百科全书公司特别邀请了以下 3 位与众不同的专业人士参与本书的创作。

佩吉·托勒（Paige Towler）是一位作家和编辑。她曾担任美国《国家地理》（少儿版）的编辑，写过关于动物做瑜伽的诗歌、发生在这个世界上的怪事，以及跟蛇和蝙蝠有关的搞笑故事。在考虑哪些趣闻可以被收入本书时，佩吉从自己喜欢的主题中获取灵感，这些主题包括历史、动物、科学奇闻、怪物等。

安迪·史密斯（Andy Smith）是一位屡获大奖的插画家，毕业于英国皇家艺术学院（Royal College of Art）。他的作品带有一种乐观的情绪以及一种手绘的亲切感。为本书绘制插图的过程更是让安迪惊喜不断。

劳伦斯·莫顿（Lawrence Morton）是一位艺术总监及设计师，他喜欢让文字阅读变得有趣。在为本书进行美术设计时，他联想到希腊神话中忒修斯穿越迷宫的故事，于是在书中用虚线和箭头标注出了一条路线，来帮助读者顺利完成这次万万想不到的知识探索之旅。

本书内容

欢迎开启万万想不到的探索之旅！

准备开启一场充满乐趣的"卧底"之旅吧！我们将了解有关伪装、隐形、地下世界等鲜为人知的科学事实。

这场神秘的探险将带你探索数百个令人惊叹的、疯狂的、酷炫的机密事实。比如……

你知道寻血猎犬可以沿着看不见的气味追踪 209 千米吗？

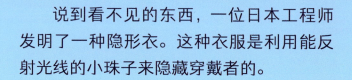

说到看不见的东西，一位日本工程师发明了一种隐形衣。这种衣服是利用能反射光线的小珠子来隐藏穿戴者的。

现实中的神奇科技可不止这些，不过有些东西也许是我们永远发现不了的。据说，拜占庭帝国的海军曾经制造出一种能喷射火焰的船舶，但是这一技术已经失传。

想要了解更多的历史奇闻吗？东亚地区的人们会饲养蟋蟀当宠物，以帮助他们发现家中看不见的入侵者。

你可能已经发现了这场探险之旅的特别之处：每一则趣闻都以出人意料而又令人捧腹的方式与下一则趣闻联系在一起。

在这场探险之旅中，你会遇到**最高机密**、**未解之谜**、**黑暗洞穴**、**深海居民**、**隐秘的历史**……还有什么呢？快去发现每翻一页都有怎样的惊喜吧！

本书不仅仅提供了一条阅读路线。你的阅读路线每隔一段内容就会出现分支，通过**向后**或**向前跳转**，你会来到书中一个全新但仍相关的部分。

跟随你的好奇心去到你想去的地方吧。当然了，这里就是一个不错的起点。

比如，你可以绕路去这里看看

古老的洞穴

跳转至第 23 页

科学家在研究一只身长近 5 米的**水生爬行动物**——鱼龙的化石时，在它的胃里发现了一只身长

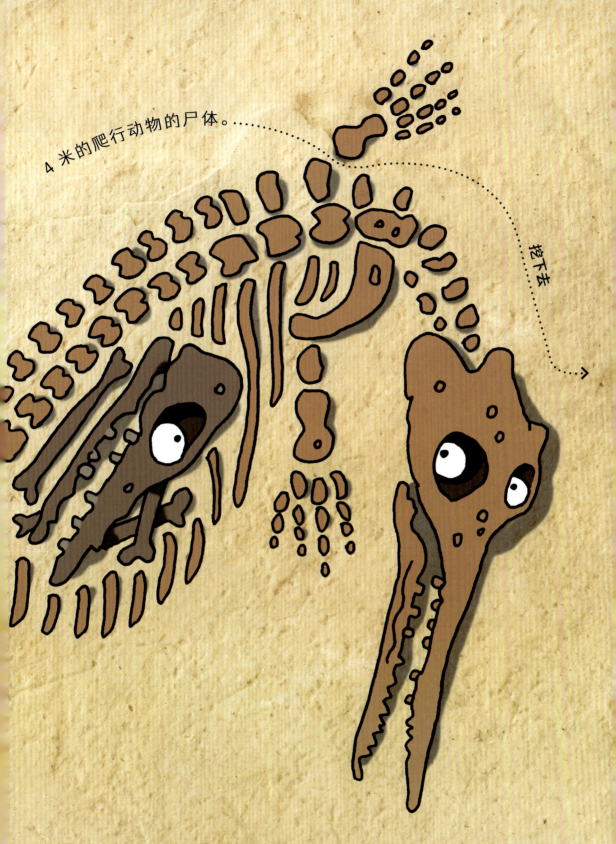

4 米的爬行动物的尸体。

挖下去

迄今为止，
人类挖出的
最深的洞
位于俄罗斯。

它的深度
是地球上
最高
建筑的15倍左右。

中国古生物学家发现了一块**恐龙蛋化石**，里面有一只待孵化的小恐龙的化石。

"塔利怪物"化石是 20 世纪 50 年代从美国伊利诺伊州的一座煤矿中挖出来的。它如此奇怪，以至于关于这种动物的大部分信息——比如它有无脊椎骨——仍然是一个谜。科学家只能依靠猜想来推断这种动物的长相。

科学家在埃及的沙漠中发现了一只重约 600 千克的**四足鲸的化石**。它生活在大约 4300 万年前的陆地上和水中。

抬头

在中国黑龙江省哈尔滨市出土的一个**古老的头骨**，其"年龄"可能在 14.6 万年至 30.9 万年之间。它被科学家命名为"龙人"。

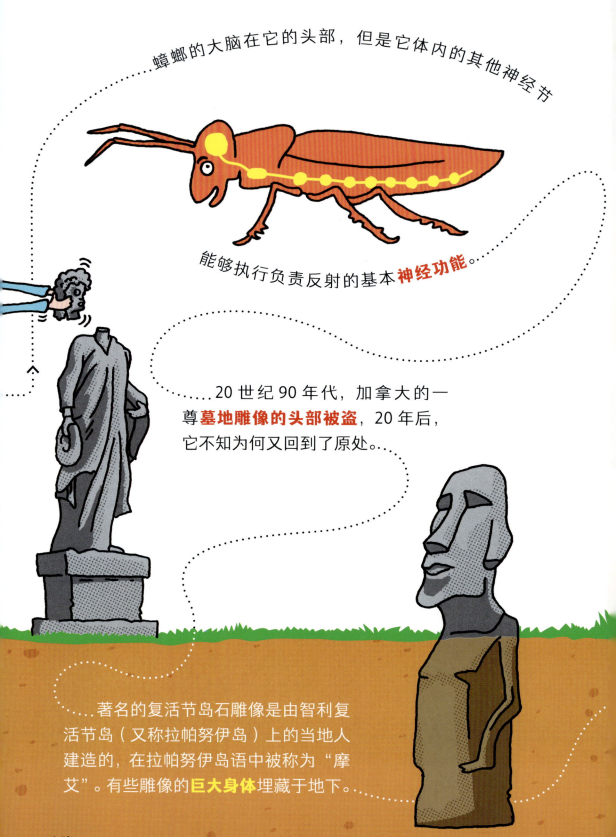

蟑螂的大脑在它的头部，但是它体内的其他神经节能够执行负责反射的基本**神经功能**。

20 世纪 90 年代，加拿大的一尊**墓地雕像的头部被盗**，20 年后，它不知为何又回到了原处。

著名的复活节岛石雕像是由智利复活节岛（又称拉帕努伊岛）上的当地人建造的，在拉帕努伊岛语中被称为"摩艾"。有些雕像的**巨大身体**埋藏于地下。

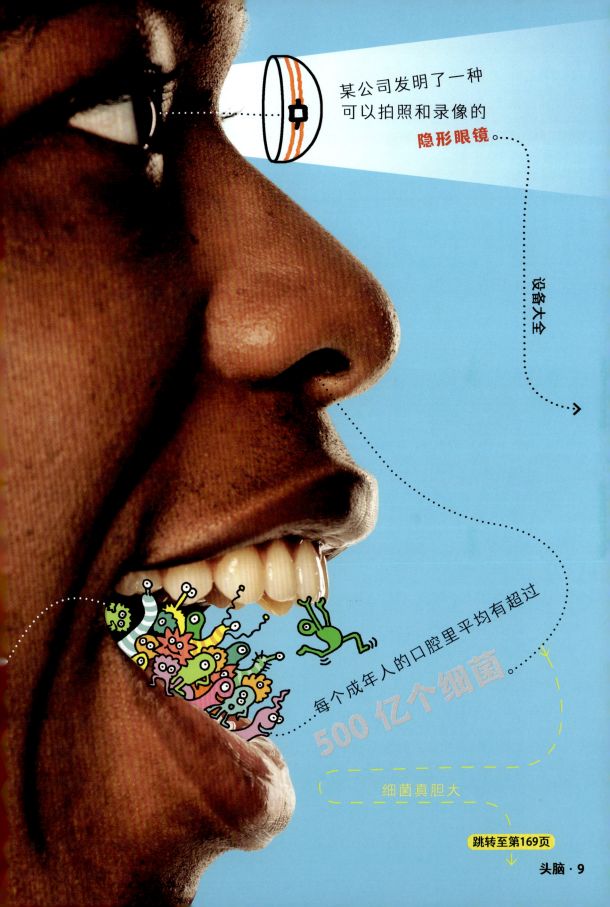

某公司发明了一种可以拍照和录像的**隐形眼镜**。

设备大全

每个成年人的口腔里平均有超过

500亿个细菌。

细菌真胆大

跳转至第169页

……冷战期间，苏联的间谍会戴一种**能拍照的戒指**，不过每枚戒指只能拍一张照片。……

只是首饰罢了

……有些监控摄像头会被伪装成泰迪熊玩偶、烟雾报警器、马桶刷等各种形态。……

跳转至第66页

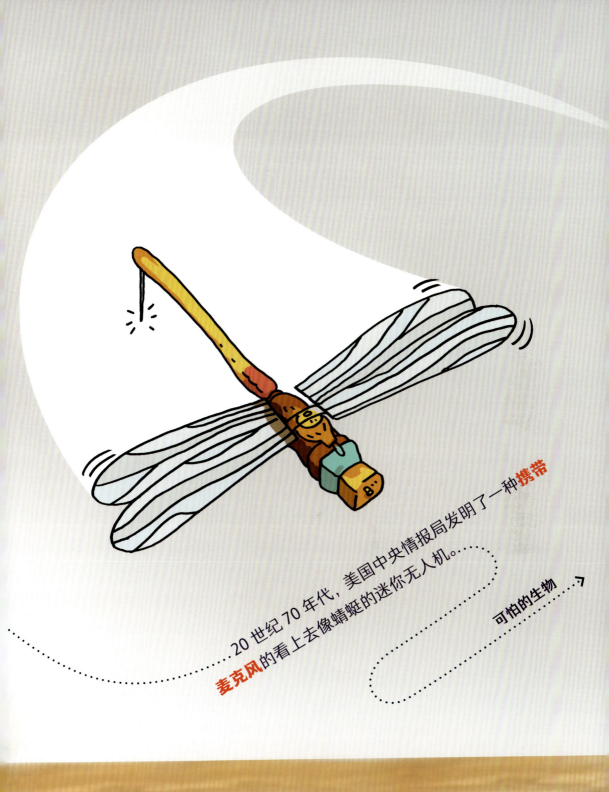

20 世纪 70 年代，美国中央情报局发明了一种**携带**

麦克风的看上去像蜻蜓的迷你无人机。

可怕的生物……

昆虫没有肺，它们大多数通过胸部和腹部的**气孔**呼吸。

犀牛蟑螂是世界上已知的唯一一种在地下穴居的蟑螂，它的长度和成年人的手掌宽度差不多。

在泰国，当地人发现了一条"**毛茸茸**"**的蛇**。科学家认为，这条蛇的"皮毛"可能是它在耐心等待捕猎时皮肤上长出来的藻类。

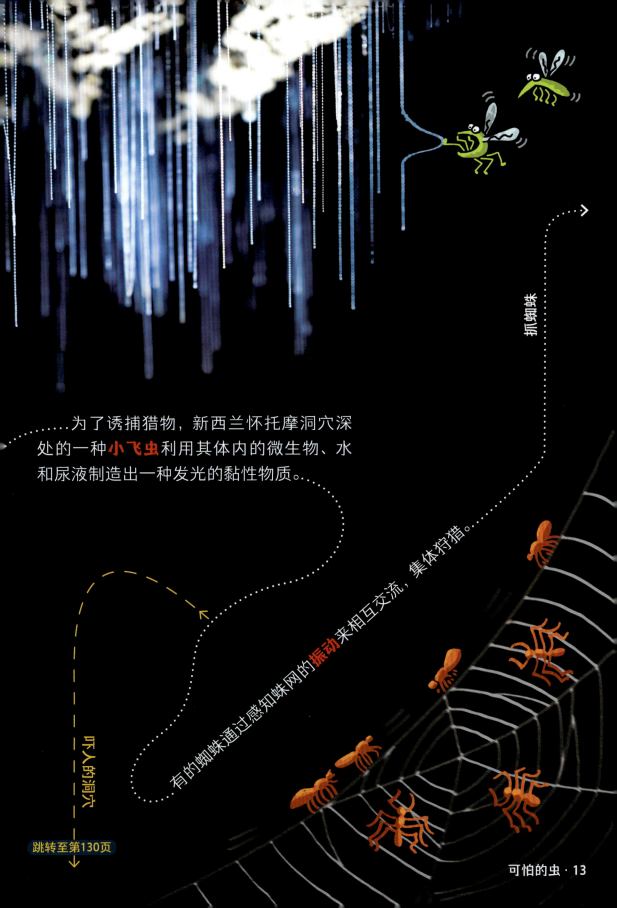

抓蜘蛛

为了诱捕猎物，新西兰怀托摩洞穴深处的一种**小飞虫**利用其体内的微生物、水和尿液制造出一种发光的黏性物质。

有的蜘蛛通过感知蛛网的**振动**来相互交流，集体狩猎。

吓人的洞穴

跳转至第130页

故宫是**中国**古代**宫殿**，又称紫禁城，有大约 6 个世纪的历史，是明清两代的皇家宫殿，也是世界上规模最大、保存最完整的木结构宫殿建筑群。

一只 1 亿年前的蜘蛛在捕食瞬间被定格在一块琥珀中，形成了一种罕见的呈现动物捕食场景的**化石**。

人们在**中国**首次发现处于睡眠姿态的恐龙**化石**。这种恐龙被命名为"寐龙"。

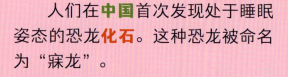

在美国华盛顿特区的一些**博物馆**里，游客必须通过佩戴特殊设备来观看肉眼**看不见**的文物。

在墨西哥普埃布拉市，一座**博物馆**坐落于一个有着约 500 年历史的地下**隧道**系统中。

1901 年，俄国的工匠们用黄金雕刻出一座小型**宫殿**，并将它放置在一个价值连城的彩**蛋***里。

为了保证鱼**卵**的安全，有些**鱼**会把卵放进嘴里，这个过程叫作"口孵哺育"。

* 此处的"蛋"与下一条的"卵"在英语中均为"egg"。

大部分刺尾**鱼**在幼年时是透明的，我们几乎**看不见**它的身体。

打开地图

世界上最长、最深的火车**隧道**位于瑞士的**山脉**之下。它全长 57.1 千米，历时 17 年完工。

传说，尼罗河的源头是神话中被称为"月亮山"的**山脉**。很多人认为它就是现实世界中位于非洲的鲁文佐里山脉。

自20世纪50年代以来，瑞士官方地图的制图师在制作地图时会偷偷加入**一些微小的细节**，比如人和动物的图案。

……英国一家公司将第二次世界大战时期为士兵绘制的**逃生地图**制成了服装。……

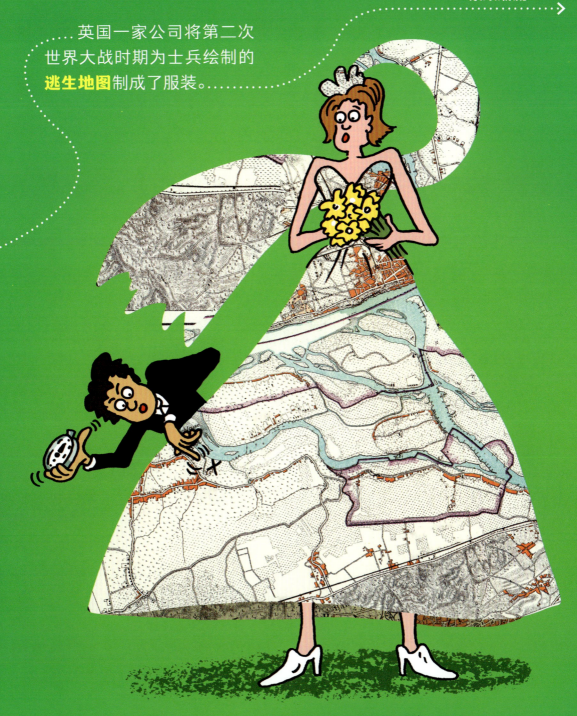

有些公司生产的内裤有**暗袋**，可以用来放贵重物品。

为了保护钱财，中东地区许多历史悠久的游牧民族把**钱币**缝在衣服内部的暗袋里。

几个世纪以来，苏里南的妇女一直戴着一种**头巾**，其不同的折叠方式传递着不同的暗语。

跳转至第106页

更多关于交通的知识

在 19 世纪的欧洲和美国，女性是不允许穿裤子的，但穿长裙骑自行车又很不安全。因此，美国的一位女士和支持她的人一起设计出了一款将裤子和裙子合二为一的服装，名为"**裤裙**"。

日本的一位工程师发明了一种利用能反射光线的小珠子来**隐藏穿戴者**的隐形衣。

你看得到吗？

宽纹黑脉绡（xiāo）**蝶**的
翅脉间的薄膜是透明的。

在一项实验中，科学家利用**虚拟现实头盔**让参与者相
信自己能够

隐形

在美国加利福尼亚州 的沙漠中，有一座几乎隐形的房子，因为
它的外墙主要是由**镜子**组成的。

在芬兰举办的**空气吉他世界锦标赛中**，参赛者需要在没有吉他实物的情况下进行演奏。

音乐狂欢

著名哲学家卢梭在尝试制作隐形墨水时发生了意外，**墨水调和物**在他面前爆炸了。

跳转至第112页

"**逆向混音**"是指歌手将信息反向录制到一首正向播放的歌曲中。听众只有在反向播放歌曲时才能听到这些秘密信息。

斯特拉迪瓦里小提琴发出的**声音独一无二**。有专家认为，这是因为17世纪至18世纪的提琴制作大师斯特拉迪瓦里将用于制作小提琴的木材浸泡在一种神秘的化学制剂中。

如此神秘！

……位于南非的 2.4 亿岁 "高龄" 的洞穴，是目前已知的**最古老的洞穴之一**。一个大学的管弦乐队曾在这里举办过音乐会。……

…‥〉‥………纽约的一个 **墓地** 里有一座用来"埋葬"秘密的墓碑。来访者可以
对着墓碑低声忏悔，或者把写着忏悔内容的纸条投进墓碑里。………………

找不到方向了吗？

据说，古代蒙古汗国领袖成吉思汗要求**秘密下葬**。他的追随者将其埋葬地点隐藏得非常深，至今仍无人找到。

跳转至第62页

书中自有颜如玉

几百年来（可能更久），中国部分地区的女性使用一种名为"女书"的**神秘文字**进行交流。

7 世纪，拜占庭帝国海军首次将可以喷射一种名为

16 世纪，欧洲部分地区的艺术家创造了**蛛网绘画艺术**。这是一种利用蜘蛛、飞蛾和毛毛虫分泌的透明丝作为画布的绘画形式。相关画作现存不到 100 幅。

"希腊火"

的武器用于海战。

至今也没有人知道他们是如何做到的。

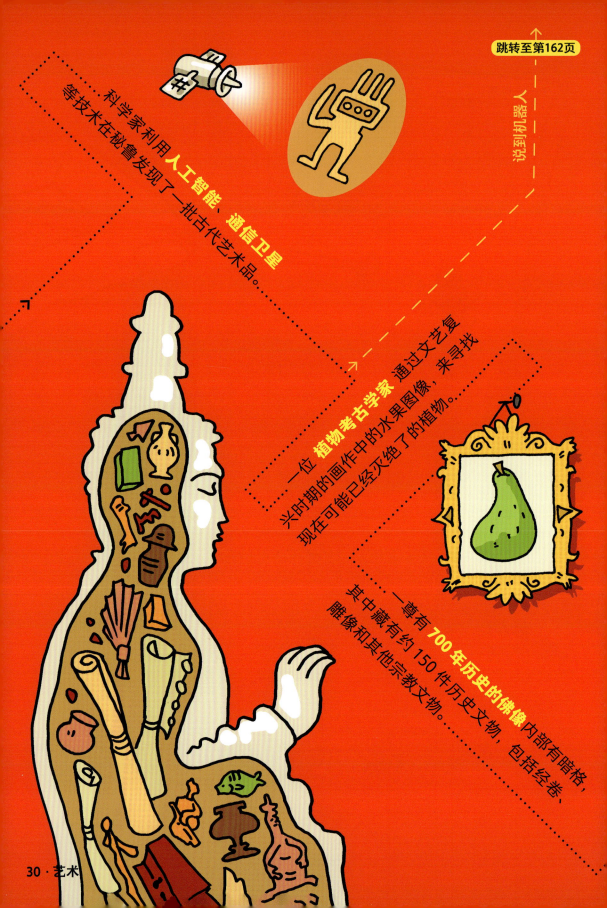

跳转至第162页

说到机器人

科学家利用**人工智能、通信卫星**等技术在秘鲁发现了一批古代艺术品。

一位 **植物考古学家** 通过文艺复兴时期的画作中的水果图像，来寻找现在可能已经灭绝了的植物。

一尊有 **700 年历史的佛像** 内部有暗格，其中藏有约 150 件历史文物，包括经卷、雕像和其他宗教文物。

加拿大阿尔伯塔省的一家原住民艺术馆有一个秘密地下室，专门用来收藏关于**斗牛犬**苏西的艺术品。

捡回来

捡回来

尼日利亚的一名**锡矿工**发现了一尊雕像。这一发现让曾经不为人知的古代文明——繁盛于约公元前500年至公元200年的诺克文化，首次为世人所知。

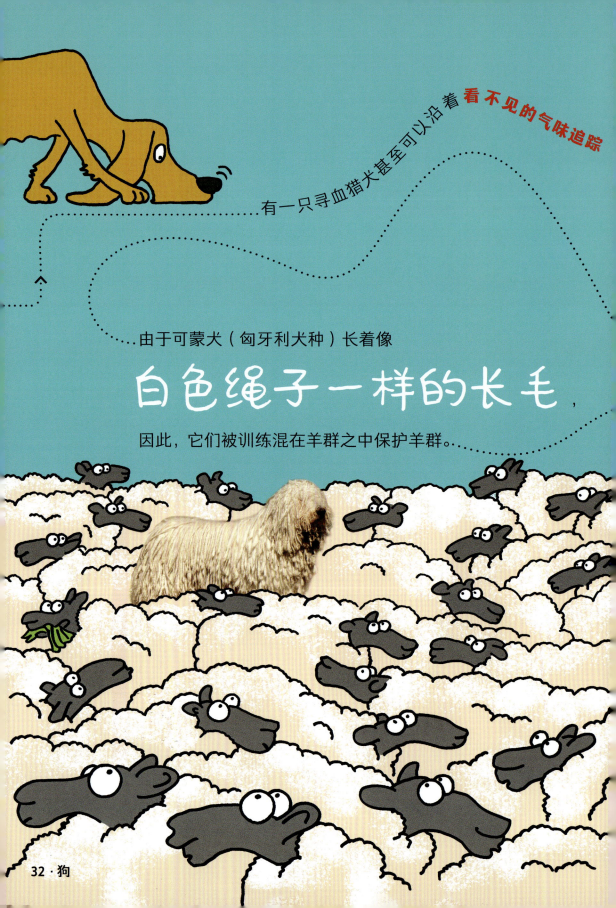

有一只寻血猎犬甚至可以沿着**看不见的气味追踪**

由于可蒙犬（匈牙利犬种）长着像

白色绳子一样的长毛，

因此，它们被训练混在羊群之中保护羊群。

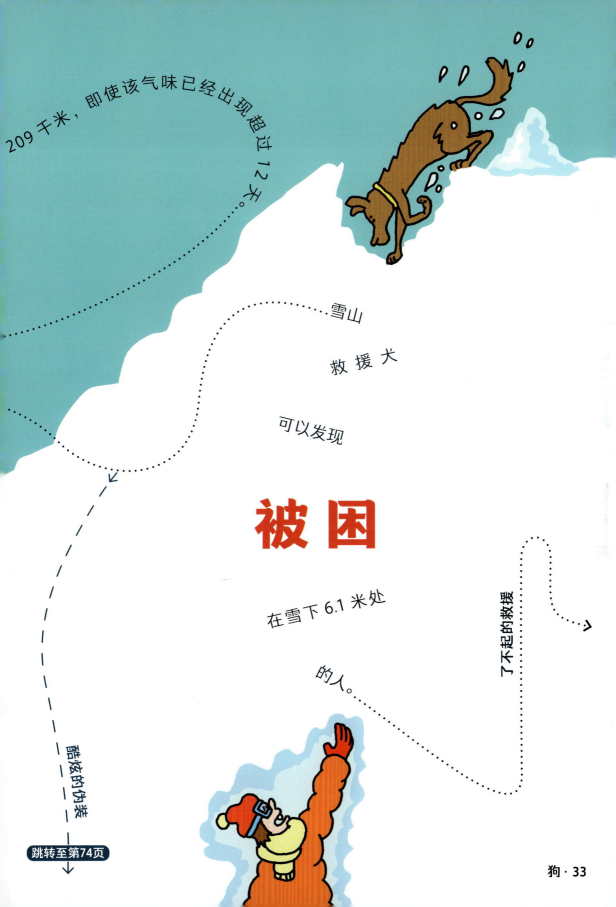

209千米，即使该气味已经出现超过12天。

雪山

救援犬

可以发现

被困

在雪下6.1米处

的人。

了不起的救援

酷炫的伪装

跳转至第74页

如果一个物体在你家里消失后又出现，这并不是"失而复现"现象，可能只是你的错觉。

德国的一位艺术家制作了"消失的雕塑"，从大多数角度看，它都是实体的，但从某些角度看，它似乎消失不见了。

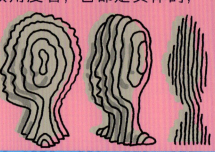

一些艺术家用坚果壳制作用来收藏珠宝的首饰盒。

荷兰的一座家庭住宅的外观像众多圆木堆在一起，因此，它几乎可以完全隐藏在树林中。

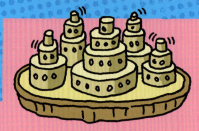

一位意大利艺术家在圆木上雕刻出了"抖出式"木城堡。这些城堡可以从圆木中抖出，也可以收缩回圆木中。

第二次世界大战期间，一名中国水手被困在木筏上，在汪洋大海中漂流了133天后，成功获救。

科学家基于乌贼的伪装能力，设计出了一种可以让物体看不见的贴纸。

抹香鲸可以潜入漆黑一片的海洋深处捕食巨型乌贼。

松鼠会在秋天时埋藏大量**坚果**，但是它们有时会忘记自己把坚果埋在了哪里。

伊朗警方曾逮捕过一群**松鼠**，并宣称它们是间谍。

卧底行动

美国加利福尼亚州狄克逊市的**玉米**田**迷宫**非常大，以至于有人因为迷路而报警求助。

日本的武士会藏身于姬路**城**内**迷宫**般的隐蔽房间。

在北美原住民易洛魁人的**传说**中，**玉米**皮娃娃是没有脸的。当娃娃变得太自负时，玉米精灵就会把娃娃的脸藏起来。

人类肉眼**看不见**的**真菌**数量是相当大的，这些真菌被称为"微型真菌"。

同一种**真菌**呈圈带状生长的现象通常被称为"仙女环"。**传说**它们是仙女或精灵留下的。

玛丽·简·理查兹曾经是一名黑人奴隶。她在美国南北战争期间担任**间谍**，并成功潜入南方领导人家中获取情报。

人们已知的第一位印度**女间谍**萨拉斯瓦蒂·拉贾马尼，年仅16岁就开始独立为印度获取情报。

第二次世界大战期间，西班牙的胡安·普霍尔·加西亚成为**双重间谍**。他假装是服务于德国的间谍，实际上却向英国传递情报。之后他不仅伪造了自己的死亡证明，还将此事隐瞒了几十年。

这是机密!

跳转至第94页

代号为"007"的英国特工**詹姆斯·邦德**是小说和电影中的虚构人物。据说，最早使用该代号的是 16 世纪英国女王伊丽莎白一世的御用特工。他常在密信中使用"007"作为落款签名。

开拍

一些学者认为，**古埃及**的间谍被称为"法老的眼睛"。

奥斯卡金像奖颁奖典礼一般在美国加利福尼亚州好莱坞举行。它的获奖名单是高度保密的，决定最终优胜者的选票只有两个人可以经手清点。

为了制造出电影《侏罗纪公园》中霸王龙咆哮的声音，**音效师**混合使用了老虎咆哮、鳄鱼发怒和幼象吼叫的声音。恐龙的呼吸声则是鲸从气孔中喷出空气的声音。

奇怪的工作

跳转至第70页

忍者之道

在许多忍者或功夫电影中，演员都要靠"吊威亚"来完成**几乎不可能完成的特技**。吊威亚要先用细到几乎看不见的钢丝将演员吊起来，之后再用数字技术将钢丝移除。

...忍者会接受一种将间谍活动与武术相结合的训练，这种训练叫作"**忍术**"。

女忍者会使用一种叫作"猫爪"的武器——其外形就像一只猫的爪子。

为了不被他人发现，忍者不食用

味道浓烈的食物

或者坚持素食，以此来去除体味。

真难闻！

...由于忍者训练有素且神秘莫测，人们有时会认为他们拥有**超能力**，比如飞行、隐身或水上行走。

跳转至第77页

忍者有时会通过投掷一种名为"手里剑"的锋利**武器**来分散敌人的注意力。

隐藏的超能力

跳转至第78页

好吃

鲇鱼的**味觉系统**非常发达，它们全身都有味蕾，在无法利用视觉的情况下可以仅通过味觉来捕食。

有些人可以通过训练获得

回声定位

的能力，他们通过发出"咔嗒"声和感受反弹回来的声音振动，来感知附近物体的位置。

俗称"**宝石甲**"的吉丁虫可以感知到 12 千米以外的林火。

在 **紫外线** 的照射下，一些鸟类的身体会发光。

一些人拥有特殊**基因**，这使他们不容易感到寒冷。

冷飕飕

跳转至第124页

更多火山

科学家认为南极洲冰层下方存在**巨型火山**。

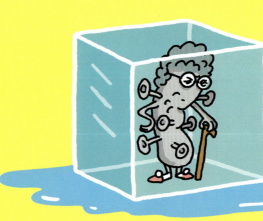

科学家在南极洲
发现了在冰冻状态下
存活了 **800 万年** 的细菌。

日本的科学家在草莓中发现了一种化学物质，这种化学物质可用于制作不易融化的草莓冰激凌。

嗖嗖嗖

在法国举办的一次比赛中，科学家用以电分子制作的**微型赛车**进行比赛。

一位
英国
艺术家
制作的
雕塑
小到
可以
放进
针鼻儿里，
人们只有通过
显微镜
才能
看到它。

超级雕塑

在以色列的一次考古挖掘中，一群青少年发现了 1100 年前被藏在**罐**子里的纯**金**硬币。

在很多人的记忆里，存钱**罐**都是**猪**的形状，这是因为猪能吃，体形又胖，有招财纳福之意，因此一度成为存钱罐的标准样式。

有些昆虫，如白蚁和**蚂蚁**，会收集**金**子并将其藏在它们的巢穴中。

俗称"骨架**花**"的山荷花的花瓣在干燥时是白色的，但在湿润时就会变成**透明**的。

一位印度科学家发现，有一种**蚂蚁**的腹部会呈现出它们吃下的食物的颜色，因为它们的腹部是**透明**的。

圆蛛的"**大脑**"可以被姬**蜂**控制。

一位意大利艺术家制作的"隐形"雕塑被拍卖。这件雕塑实际上只存在于购买者的头**脑**中。

仙女**蜂**(缨小蜂科)非常**小**。雌性仙女蜂甚至可以把自己的卵藏在其他昆虫的卵里。

研究**猪**的科研人员开发了一种**人工智能**算法——通过分析猪的呼噜声来揭示猪的情绪是积极的还是消极的。

科学家研发了一套**人工智能**系统——通过识别一道菜的照片，来揭示烹饪这道菜所需的原料和食谱。

用餐时间到

渴望吃到**花粉**的巢鼠有时会爬到**花朵**里睡觉。

仅一株豚草就能产生数十**亿**粒人类肉眼看不见的**花粉**粒。

丝状伪足非常微小，有着**触**手一样的形状，可以帮助你的**细胞**移动。

科学家不确定人体中究竟有多少**细胞**，估计其数量从数十万亿到数百万**亿**不等。

苔藓动物是人类肉眼看不见的一种**小**型水生生物，它们通过口周围的**触**须滤食。

迪士尼曾经发布了几款著名的**主题公园小吃**的食谱，让人们在家里也能制作出这些美味的小吃。

跳转至第110页

酷炫的游乐园

为了制作**是拉差辣椒酱**（一种最早在泰国生产的**辣椒酱**），一位厨师设计了一种独特的机器，没有这种机器就无法制作该辣椒酱。

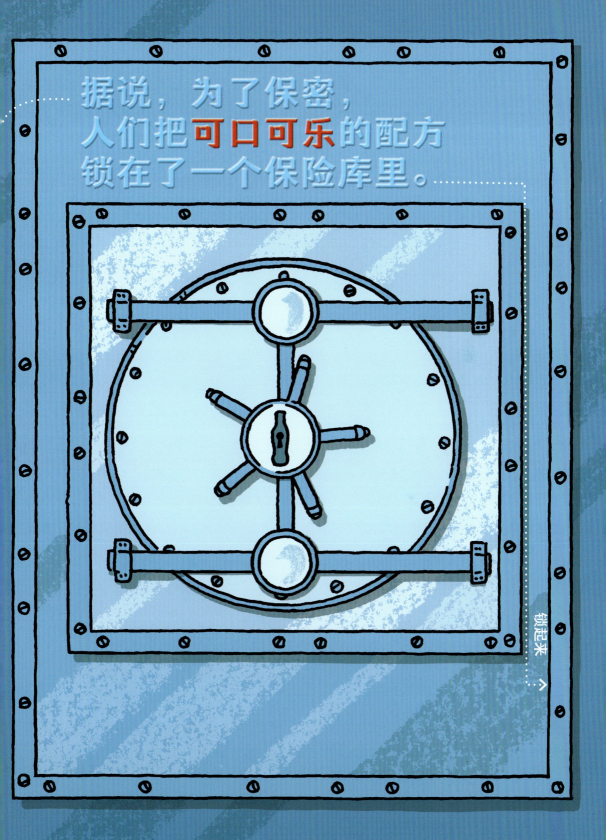

据说，为了保密，
人们把**可口可乐**的配方
锁在了一个保险库里。

锁起来
∧

位于挪威的斯瓦尔巴全球种子库，
插入山体超过 100 米，截至 2022 年，里面储存着
100多万份种子样本。

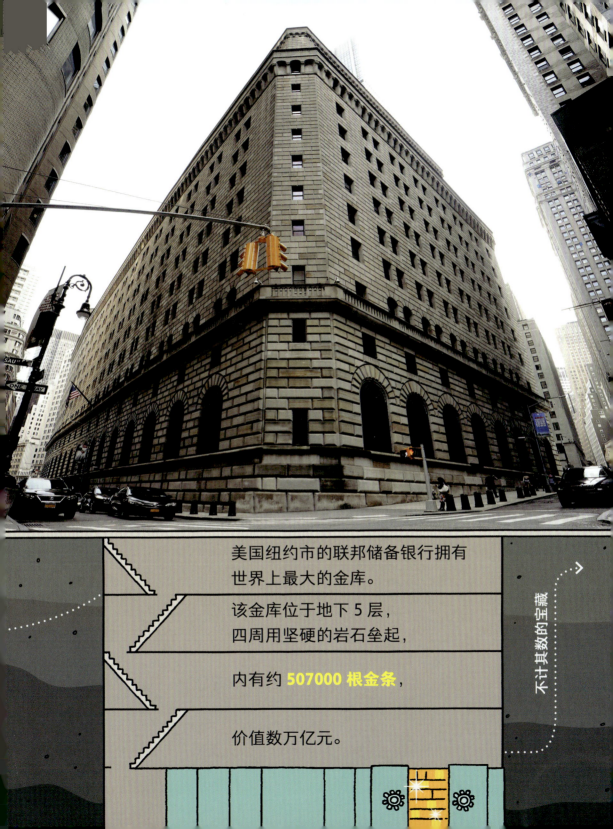

美国纽约市的联邦储备银行拥有世界上最大的金库。

该金库位于地下5层，四周用坚硬的岩石垒起，

内有约 **507000 根金条**，

价值数万亿元。

美国加利福尼亚州的一对夫妇在遛狗时发现了一个废弃的金属罐，里面有制造于 19 世纪的**金币**，总价值约为 1000 万美元（约合 7000 万元人民币）。

挖出来

跳转至第6页

……… 一群盗贼在荷兰一家博物馆偷空了 **6 个珠宝陈列柜**，其中有价值不菲的珠宝。他们没有被监控摄像头拍到，人们至今仍然不知道这些盗贼是如何作案的。………

小偷儿，别跑！

据说，18世纪时，有一名妇女在列支敦士登利用一个大箱子进行了数次偷盗。晚上，藏在箱子里的同伙会从里面**爬出来**，偷走附近的贵重物品。

牙买加的一群盗贼曾偷走**沙滩上**的大量沙子。

1671 年，一个名叫托马斯·布拉德的男子和他的同伙试图偷走**英国王室的珠宝**。托马斯·布拉德用锤子把王冠敲扁，他的同伙将权杖锯成两半藏在裤子里。

英国有一则民间传说：五朔节*时，人们看不见的仙女或女巫会**偷走黄油**。

第二次世界大战期间，德国情报机构使用一种名为**"恩尼格玛"**的机器来进行信息编码。为了破译重要信息，英国数学家艾伦·图灵制造了一台全新的机器。

真酷！

*一些欧洲国家用于表达祈盼丰收等愿望的传统节日。

世界上**最小的计算机**比一粒米还小。

科学家发明了一种
CT 扫描技术，利用该
技术，无须拆开**木乃伊**
就能进行研究。

有几家公司试图研发一种设备，这种设备可以用**看不见的能量束**给手机充电，隔空恢复电池的电力。

在你的体内

科学家最近开发的一种数学模型，也许能够解开**恐龙如何移动和行走**的谜团。

专家正在研发一种可以将芯片**植入皮肤或大脑的技术**，这种技术可以让人们在不接触计算机的情况下与计算机互动。

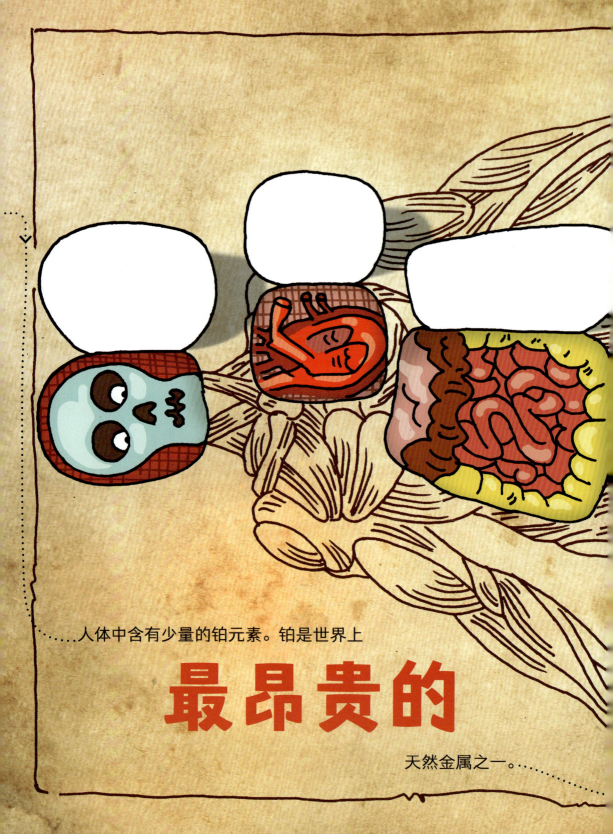

人体中含有少量的铂元素。铂是世界上

最昂贵的

天然金属之一。

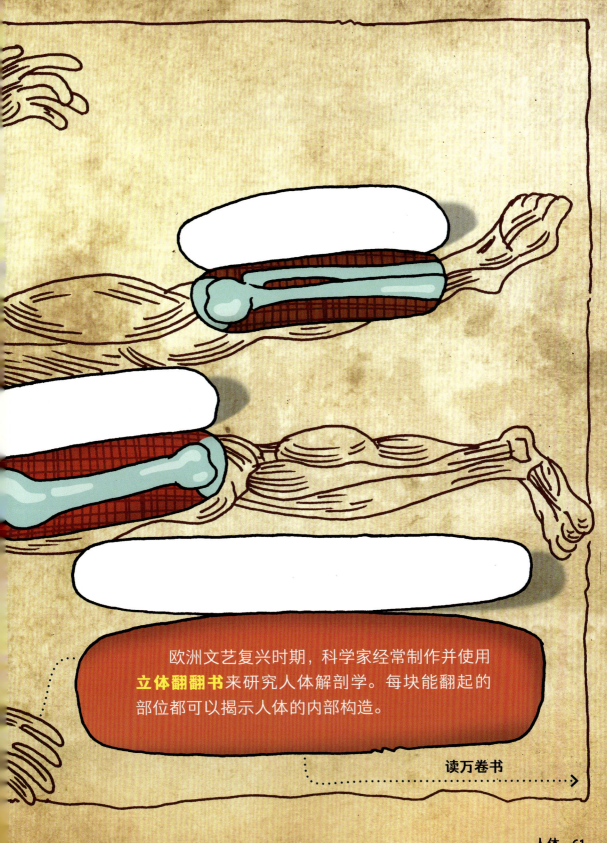

欧洲文艺复兴时期，科学家经常制作并使用**立体翻翻书**来研究人体解剖学。每块能翻起的部位都可以揭示人体的内部构造。

读万卷书

世界上已知的最早具有确切出版日期的印刷书籍是有1100多年历史的佛教经典《金刚经》。它是在敦煌的藏经洞中被发现的。

古籍上历经数千年已经褪色的文字在**紫外线**的照射下可以显现出来。

重返历史

跳转至第28页

一本17世纪的德语书内部有一个空洞，
里面藏着一些毒药。

有毒！

在美洲热带地区发现的毒番石榴树，它的每一部分，包括它的汁液都是**有毒**的。

传说，古代的一位波斯国王发明了一种**万能解毒剂**，但后来这种解毒剂配方失传了。

毒戒指已经存在几个世纪了。这种戒指下方有一个暗盒，用来存放毒药。

闪闪发光

在秘鲁的一处印加遗址，考古学家发现了一座约有**数十只**戴着耳环和项链的**豚鼠**的墓葬。

一位设计师设计了一款蛇形的手镯，并巧妙地把**表盘**藏在了蛇嘴里。

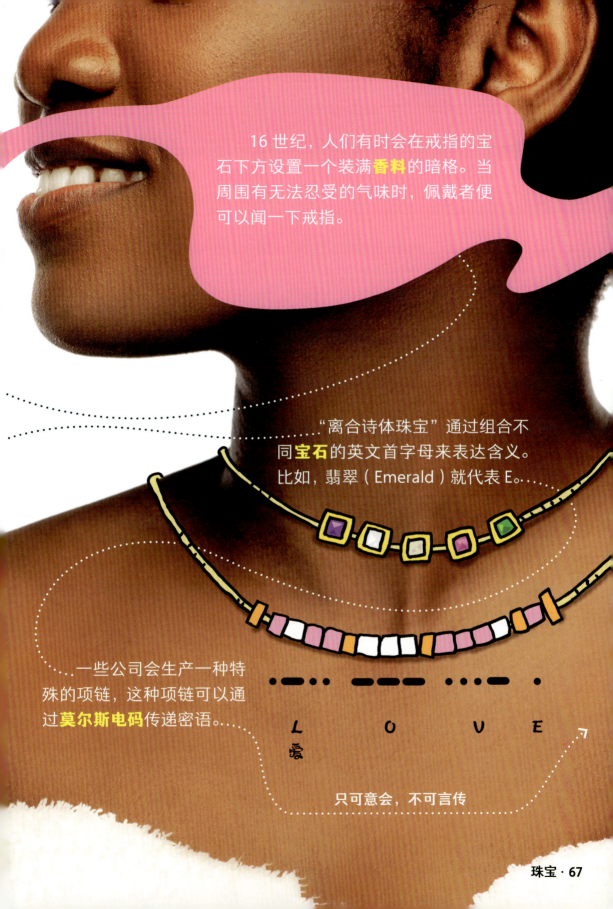

16 世纪，人们有时会在戒指的宝石下方设置一个装满**香料**的暗格。当周围有无法忍受的气味时，佩戴者便可以闻一下戒指。

"离合诗体珠宝"通过组合不同**宝石**的英文首字母来表达含义。比如，翡翠（Emerald）就代表 E。

一些公司会生产一种特殊的项链，这种项链可以通过**莫尔斯电码**传递密语。

L O V E
爱

只可意会，不可言传

几千年来，
人们传递信
息的方式之一

是点燃烟火和制造烟雾。

欧洲历史悠久的"**锁信**"
指的是将信件折叠或剪断，使
其保持"被锁"的状态，防止
信件内容泄露。

这种传递信息的方式
叫作"**烽燧**"，

它可以帮人们快速或秘密
地进行远距离通信。

跳转至第78页

大吃一顿

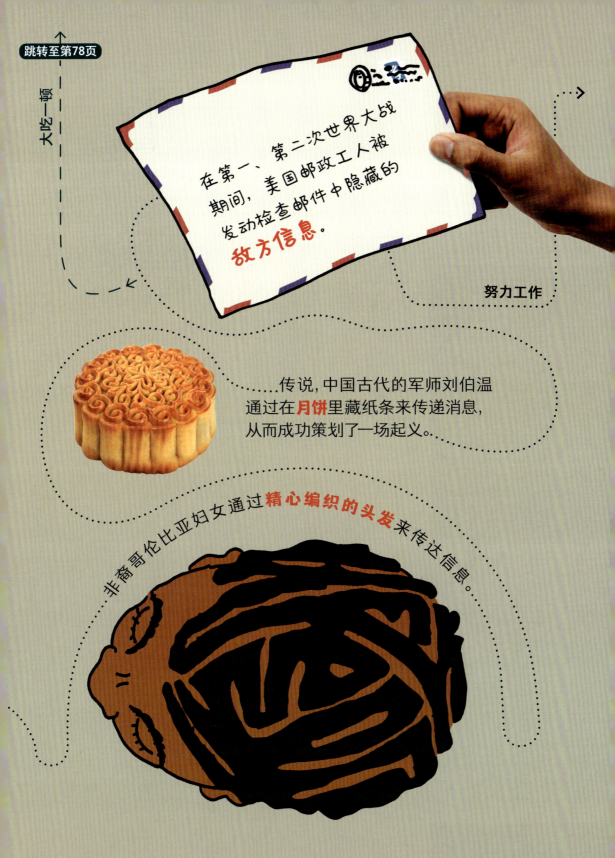

在第一、第二次世界大战期间，美国邮政工人被发动检查邮件中隐藏的**敌方信息**。

努力工作

传说，中国古代的军师刘伯温通过在**月饼**里藏纸条来传递消息，从而成功策划了一场起义。

非裔哥伦比亚妇女通过**精心编织的头发**来传达信息。

为了保证制造玻璃的秘密方法不被泄露，中世纪时期，威尼斯负责

吹制玻璃的工匠

被要求搬到穆拉诺岛，他们甚至终身被禁止离开这座岛！

在保龄球道完全自动化之前，**球瓶摆放员**要站在球道尽头，当球瓶被撞倒后，重新摆放好它们。

游戏时间到！

跳转至第88页

专业的水下高尔夫球潜水员穿着潜水服，**潜入**高尔夫球场的池塘**深处**寻找丢失的高尔夫球。

潜入更深的水域

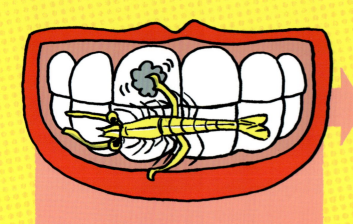

有些虾由于身上覆盖着具有感光性的条纹，几乎呈霓虹色，所以它们可以隐藏在不同**颜色**的海葵和珊瑚中。

有些潜水员让海水中的小**虾**帮他们清洁**牙齿**。

白犀利用**粪便**堆散发的气味相互**交流**。

为了**交流**氏族、地位等信息，许多古代绳纹人（日本绳纹时代的居民统称）拔掉了部分**牙齿**，这样就可以一目了然地看出他们属于哪个部落。

与那国岛纪念碑是一座奇怪的水下建筑，它可能是一座古代**金字塔**的基底。

位于墨西哥的月亮**金字塔**被建在一个**洞穴**的顶部。古代中美洲人认为这可能是通往"地下世界"的入口。

科学家认为，老虎身上的**颜色**（黄棕色）在某些猎物眼中可能是绿色的。

隐藏在众目睽睽之下

科学家在一块约有 2.3 亿年历史的**粪便**化石中发现了新的**甲虫**物种。

研究人员正在开发一种可以让人类在**水下**呼吸的新设备，其灵感来源于将自身包裹在氧气气泡中的潜水**甲虫**。

世界最深的淡水**水下洞穴**位于捷克的赫拉尼采深渊，其深度可达 1000 米。

茶色蟆口鸱 (chī) 善于**伪装**自己，歪着头，闭着眼睛，它一动不动地停在树上，看起来就像一根树枝。

幼年猎蝽 (chūn) 身上密布**黏毛**，可以粘住灰尘、沙子和其他小颗粒，它们借此伪装自己，以融入周围环境。

顾名思义，**叶尾壁虎**可以把自己伪装成叶子的样子。

有些植物有着**岩石般的外表**，可以让它们不那么容易被吃掉。

鼓腹咝蝰 (kuí) 非常擅长隐藏**自己的气味**，连狗都无法嗅出。

稀奇古怪的植物
跳转至第104页

法国的一家香水公司，通过在 **分子级别** 提取和复制确切的成分，来模仿制造出具有某人独特气味的香水。

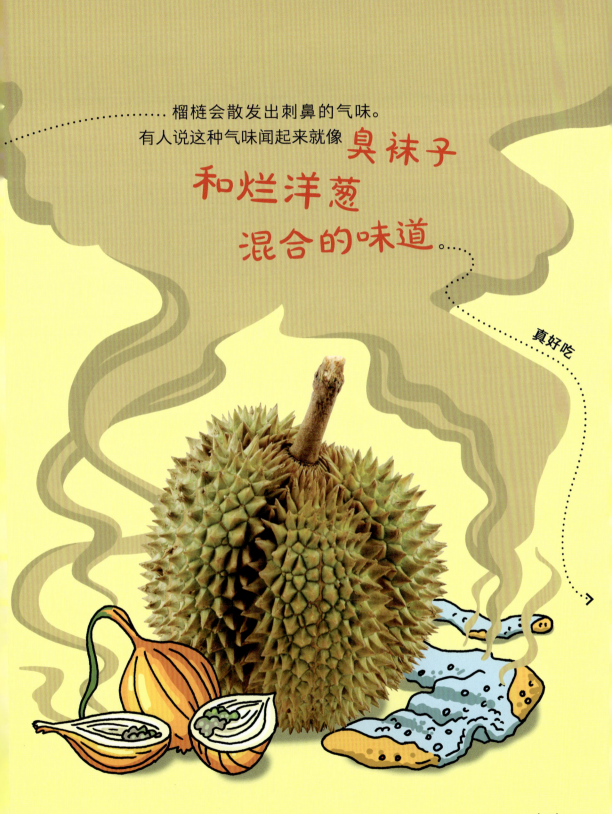

榴梿会散发出刺鼻的气味。
有人说这种气味闻起来就像**臭袜子**
和烂洋葱
混合的味道。

真好吃

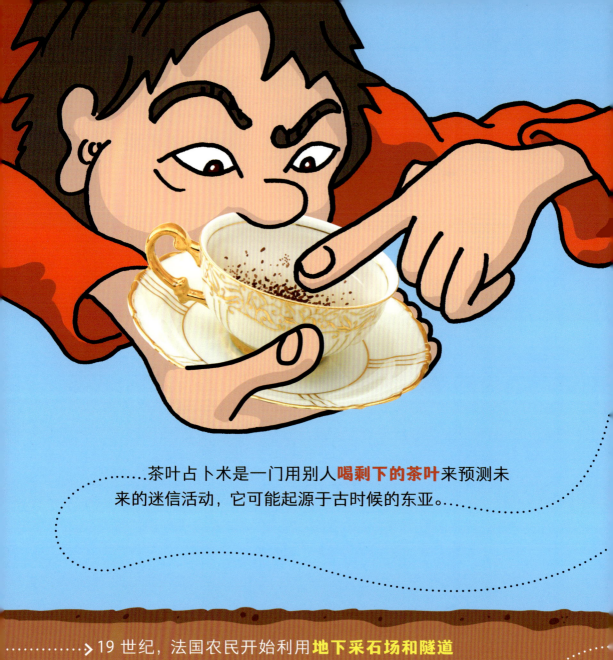

　　　　茶叶占卜术是一门用别人**喝剩下的茶叶**来预测未来的迷信活动，它可能起源于古时候的东亚。

　　> 19 世纪，法国农民开始利用**地下采石场和隧道**种植蘑菇，甚至还会利用被称为"地下墓穴"的墓地。

有点儿恶心

丹麦的研究人员发现了 300 多年前被**埋在地下的酒桶**，结果酒桶里面装满了古人的粪便。

...传说，地球上只有两个人真正知道如何用哈布斯堡折法**折叠餐巾**。这种折法起源于奥地利。

从波利尼西亚到南美洲，许多厨师仍然在使用一种古老的烧烤技术，即在地下挖一个坑来**烹饪食物**。

向下看

跳转至第100页

18 世纪，比利时的一个马桶被设计成

一摞书的样子。

这是什么？

出租车

跳转至第170页

更多领导者

21 世纪初，为了**微服私访**、调查国情，约旦国王阿卜杜拉二世把自己乔装成老人、记者或者出租车司机。

美国中央情报局曾制造出一种伪装成狗屎模样的**无线电发射器**。

汪汪!

跳转至第32页

有一种说法，奴隶贸易期间，被强行运往巴西的黑人奴隶创造了一种名为"卡波耶拉"的武术，他们将其**伪装成一种舞蹈**，以便在不被俘虏者发现的情况下练习。

为了巴西的独立，19 世纪，一个名叫**玛丽亚·基特里亚**的巴西女子乔装成男子参军。

在美国马萨诸塞州波士顿市，有一家服装店将店门伪装成饮料自动售卖机。

苏打水

从这里进入 >

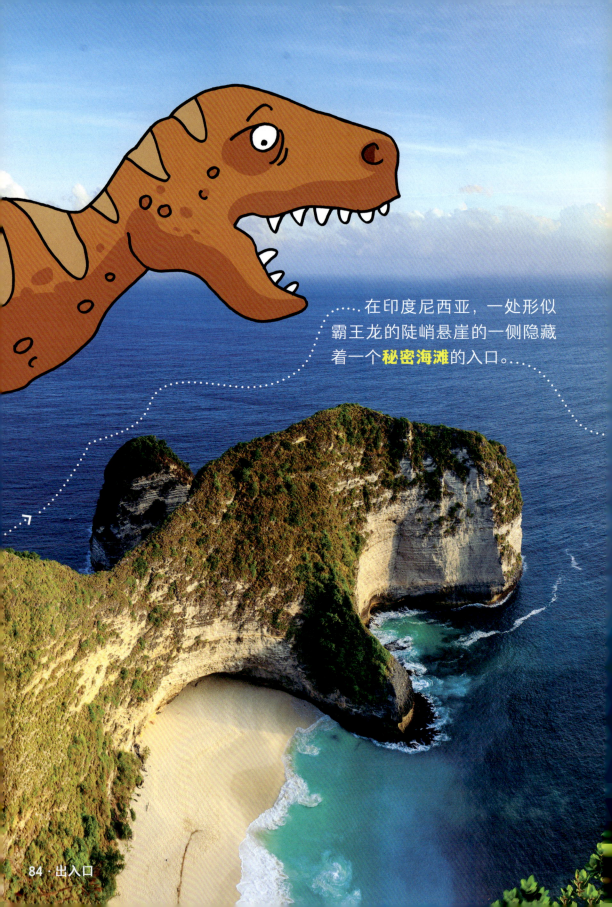

在印度尼西亚，一处形似
霸王龙的陡峭悬崖的一侧隐藏
着一个**秘密海滩**的入口。

考古学家发现建造于 18 世纪的苏格兰卡尔津城堡中有一扇**暗门**，这扇暗门可以通向地下洞穴系统。

攻占城堡

20 世纪 50 年代，英国建造了一座代号为"伯灵顿"的**秘密地下防御城**。它占地 142000 平方米，可容纳多达 4000 人，在地面设有隐蔽的入口。

澳大利亚的一座城堡在 20 世纪 80 年代末被遗弃。7 年后被重新发现时，该城堡已完全被丛林覆盖。

在俄罗斯一座中世纪城堡工作的历史学家，在其中一个房间里发现了一种类似**早期欧洲跳棋**的棋盘游戏。

我们一起玩儿吧！

2014 年 1 月 1 日，史上规模最大的**捉迷藏**游戏在中国四川彭州举行，共有 1437 人参加。

太厉害了！

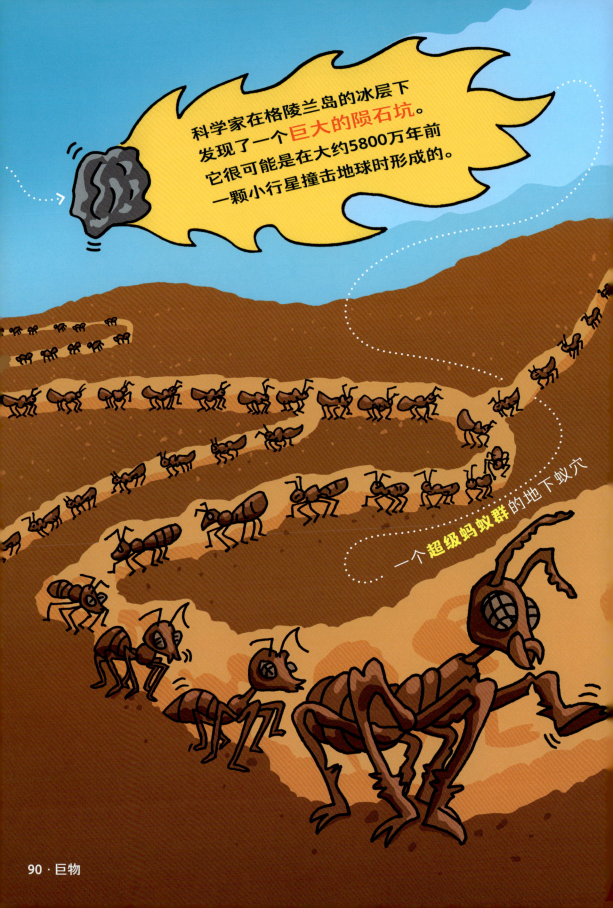

科学家在格陵兰岛的冰层下发现了一个**巨大的陨石坑。**它很可能是在大约5800万年前一颗小行星撞击地球时形成的。

一个**超级蚂蚁群**的地下蚁穴

可以绵延 6000 千米以上。

超大的

日本东京都市圈有一套 50 米深的地下排水系统，用来保护这座城市免遭洪水侵袭。

有些**树木**被砍伐后会渗出含镍**元素**的汁液。

日本有一座隐藏在树丛中的由有机玻璃制成的透明房子，它是世界上最高的**树屋**之一。

为了引诱蜣螂，**穴**小鸮会在它的地下巢穴里铺满**植物**和动物粪便。

据推测，一种长达 1.8 米的掠食性**蠕虫**生活在 2000 万年前的海底。它可能会从洞**穴**中突然出击，捕食猎物！

在也门的索科特拉**岛**上，有超过 30% 的**植物**、90% 的爬行动物和 95% 的腹足纲动物（比如蜗牛）是这个岛上独有的。

在坦桑尼亚桑给巴尔**岛**，有一家开在岩石上的**餐厅**，在涨潮时，游客只有坐船或者游泳才能到达那里。

巨口鱼科的**牙齿**是"**隐形**"的，因为它们几乎是透明的，方便向猎物隐藏自己。

人们用**尿液**来制造隐形墨水的历史悠久。

由于矿物质和**蛋白质**的特殊排列方式，帽贝的**牙齿**是自然界中最坚固且拉伸强度最大的天然生物材料。

科学家在煮沸**尿液**的过程中发现了磷**元素**。

保护人类皮肤的部分**蛋白质**与保护**龟**外壳的蛋白质相同。

鳄**龟**张开嘴巴，扭动舌头，使舌头看起来就像一条多汁的**蠕虫**，借此引诱猎物进入它的嘴里。

美国新墨西哥州的罗斯威尔市因疑似目击外星人事件而闻名，那里有一家外形酷似**不明飞行物**的**餐厅**。

据报道，第二次世界大战期间，有一架飞机在英国海岸被一个金属不明飞行物接近。后有秘密人士称这一**不明飞行物**事件可能是人为策划的。

严格保密

20 世纪 70 年代，苏联和美国的科学家都在试图发明**控制天气**的方法。

20 世纪 20 年代，苏联科学家试图发明一种用无线电控制人类大脑的方法。

第二次世界大战期间，英国工程师杰弗里·帕克提出了**"哈巴库克"计划**，即用人造冰山建造一艘巨型航空母舰。

苏格兰政府拟订了一个官方计划，如果**尼斯湖水怪**是真实存在的，这个计划将被用来应急。

捕捉神奇生物

真冷！

跳转至第44页

在南非祖鲁族和科萨族的民间传说中，托科洛希是一种**淘气的小妖精**，它吞下一块鹅卵石就可以隐身。

传说，蒙古的戈壁滩深处有一种**巨大的有毒红色蠕虫**，被称为**死亡蠕虫**。

翻动沙子

跳转至第152页

凯尔派是苏格兰民间传说中一种

会变形的精灵。

它通常化身为"马",隐藏在水下，
引诱人们走向死亡。

嘶！

在英国，有一个电话亭"墓地"，里面有大约 70 个**废弃的电话亭**。在手机出现之前，这些电话亭里的电话曾经是公用付费电话，供人们外出时使用。

俄罗斯堪察加半岛有一处被称为"死亡谷"的地方，谷底会散发出致命的、看不见的**火山气体**。

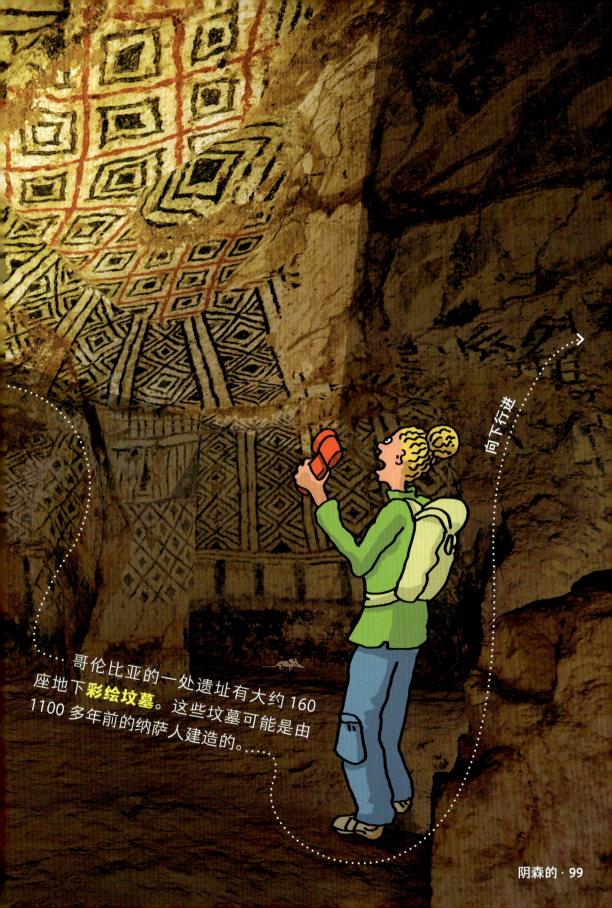

哥伦比亚的一处遗址有大约 160 座地下**彩绘坟墓**。这些坟墓可能是由 1100 多年前的纳萨人建造的。

向下行进

到 2021 年年底, 中国上海轨道交通全网络运营里程就已达到 831 千米。它是当时世界上运营里程最长的**地铁系统**。

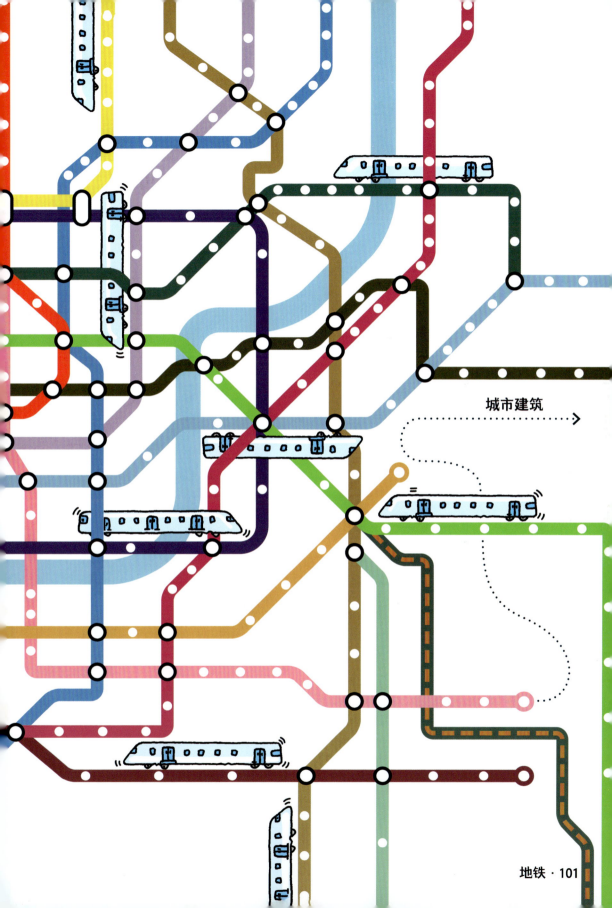

城市建筑 ⟶

新加坡樟宜机场有一个**蝴蝶园**，只有乘坐航班的旅客才可以进入。

希腊菲拉小镇的一家酒店有一个**秘密游泳池**，人们只能通过隐秘的隧道进入。

为了帮助人们抵御冬季寒冷的天气，加拿大蒙特利尔建造了一座庞大的**地下城**，里面有购物中心、地铁站和火车站，甚至可以直接通往一些公寓楼。

在日本京都有一家"藏起来的"咖啡厅。顾客必须先在一家巧克力店中**获得密码**，然后才能在店员的指引下，找到这家咖啡厅的入口。

这样生长

加纳首都阿克拉的一架**废弃飞机**被改造成了一家餐厅。

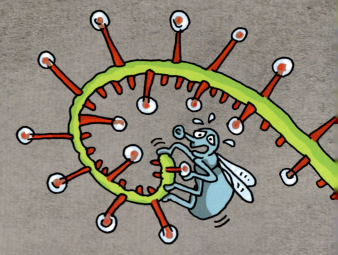

食虫植物茅膏菜的腺毛分泌液如同露珠般**晶莹剔透**，但实际上这是一种用来诱捕昆虫的黏性物质。

跳转至第54页

发现宝藏

当树叶或树皮上出现黄金颗粒时，意味着这棵树下可能埋藏着**金矿**。

英国有一类叫作

"兜 兰"

的兰花。

其中有些品种非常稀有，以至于有专门的警察负责看护它。

.....如果一个物体长时间被绑在树上，树就会开始围绕它生长。有些树的树干里甚至长着**自行车**！.....

.....野生的百岁兰是一种只有非洲东南部及纳米比亚和安哥拉才有的植物。尽管它看起来像是**一大堆叶子**，但实际上它只有两片叶子，根部深埋地下，犹如树根。.....

动起来

美国第一个特勤局曾是总统的保镖团队。
他们使用**马匹和四轮马车**出行。

在玻利维亚乌尤/

跳转至第172页

关起门来

大多数用于长途飞行的飞机都有秘密楼梯通往**隐蔽的卧室**，机组人员可以在那里休息。

附近的沙漠里，一辆废弃的火车里藏着一架**秋千**。

有人在家吗？

纳米比亚的卡曼斯科曾经是一个繁忙的矿业小镇，如今却变成了一个被沙漠掩埋的"**鬼城**"。

中国浙江有一座废弃村庄，那里的建筑几乎完全被植物**覆盖**。

失落的城市

跳转至第150页

在美国北卡罗来纳州一个偏远山区的茂密森林中，隐藏着一个废弃的主题公园。人们称之为"**空中鬼城**"。

出发吧！

迪士尼乐园

里的很多角落都隐藏着米老鼠的形状。

游乐园里穿着玩偶服的员工经常通过秘密手势和**特殊暗语**交流。

世界上最大的**水下主题公园**位于巴林王国。该主题公园以水下房屋、飞机以及潜水者可以探索的其他景点为特色。

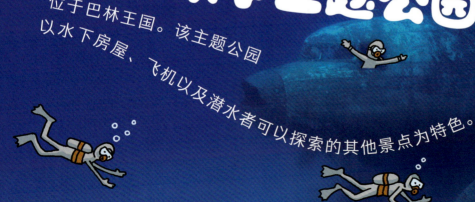

·········在墨西哥的一个主题公园里，游客可以使用**吊桥**、**滑索**和**木筏**来探索天然洞穴和峡谷。····

在19世纪的英国和美国，许多移动的主题公园会展示一种名为"斐济美人鱼"的神秘生物。这种生物据说是在太平洋的斐济岛上被发现的，它看起来像是**猴子和鱼的结合体**。不过后来这被证实只是一场骗局。

真的假的？

一些科学家认为，普通物质只占宇宙物质总量的 5% 左右，暗物质和暗能量分别占大约 27% 和 68%。暗物质是不可见且不发光的，没有人确切知道它是什么。

1885 年，一个美国人出版了一本小册子，里面提到了 3 份密码，它们被称为"比尔密码"。据称，这 3 份密码将带来价值可观的**神秘宝藏**。然而遗憾的是，至今只有一份密码被破解，也没有人找到宝藏。

黏菌是一类类似真菌的生物。在**没有大脑**的情况下，它们可以记忆、记录时间和做出决定。

解开谜题

……北美的乔克托族、纳瓦霍族和克里族等几个**土著民族**的密码学家设计的密码，在第二次世界大战期间被用于传递加密信息。……

人们花了大约300年的时间才破解了"**维吉尼亚方阵**"密码。

……专家们一直无法完全破译拉帕努伊人使用的文字系统，其中包含了**基于图像和声音的文字**。

......20 世纪上半叶，欧洲各地的女性通过**在编织物**中隐藏密码来传递消息。......

侦查案件......›

......在侦探故事《福尔摩斯探案集》中，作家阿瑟·柯南·道尔使用**跳舞的简笔画小人**发明了一种密码。......

时髦的服装

跳转至第19页

1972 年，在多次赢得亚洲网球冠军头衔后，基兰·贝迪成为印度历史上第一位**女警察**。

……19 世纪 40 年代，苏格兰移民艾伦·平克顿在美国伊利诺伊州福克斯河的一个荒岛上寻找木材时，意外发现了**假钞制作团伙**的藏身之处。在成功抓捕他们之后，平克顿创立了美国第一家私人侦探事务所。

多么伟大的发现 ‧‧‧‧‧‧‧‧‧‧‧‧‧‧ >

一名意大利男子在修理厕所下水道时

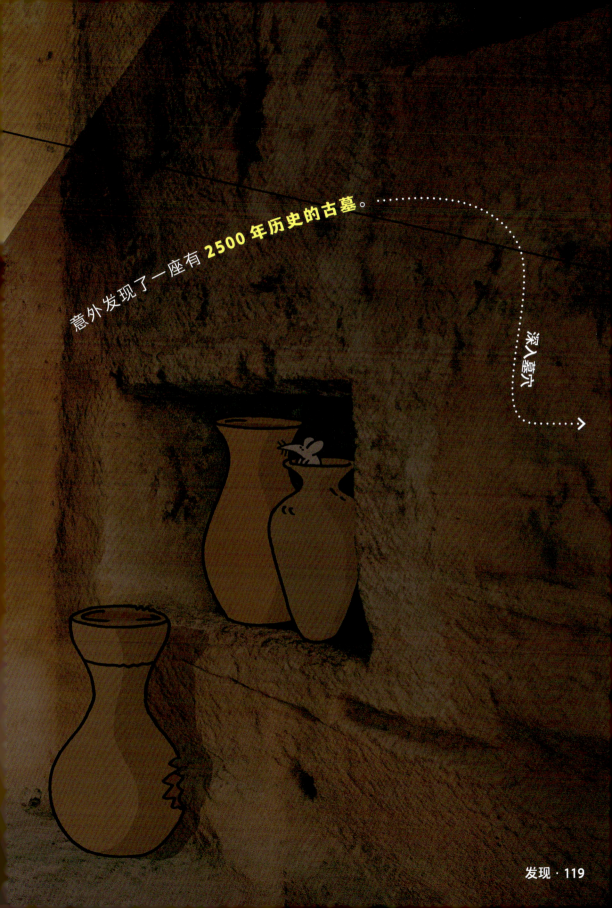

意外发现了一座有 **2500 年**历史的古墓。

深入墓穴

在阿根廷首都布宜诺斯艾利斯，闯入一家银行的**盗贼**从地下室的一个洞中**消失**，躲过了200名武装警察的追捕。

埃及法老图坦卡蒙的陵墓是在1922年被霍华德·卡特"发现"的，此前它已经被**盗贼**闯入过两次。

南非的姆波尼格金**矿**，深4350米，是世界上已开采的**最深的**金矿。

地球上**最深的**海洋栖息地位于**澳大利亚**，被称为"深渊"。

澳大利亚的化石猎人发现了4亿年前的**蠕虫**，它们柔软的身体上长着盔甲状的板。

一些科学家认为，地球所在的太阳系中可能存在过第二个**太阳**，尽管它早已**消失**。

太阳会造成"盲点"，使天文学家无法察觉向地球靠近的**小行星**。

一些公司正致力于派机器人去**小行星**上**开采** * 贵金属和宝石。

* 此处的"开采"与下一条的"矿"在英语中均为"mine"。

科学家利用隐藏在电子芯片中的微小**蠕虫**来检测某些类型的癌症。

机智的发明

跳转至第22页

未来的汽车可能会有"听觉气泡",它们让每个乘客都能听自己喜欢的音乐,而不需要戴耳机来屏蔽车内其他声音。

调大音量

研究人员创造了一种使用透明墨水的新方法:

调整每滴墨水的大小和形状,

使其在打印时以不同的方式影响光线,从而产生令人惊叹的色彩。

位于智利的甚大望远镜可以让人们看到以前从未见过的太空。

科学家发明了一种传感器，它可以通过"闻"气体的气味来预测**火山**爆发的时间。

这会爆炸

有人发明了一种可以过滤臭味的内裤。穿上它后，即使**放屁**，别人也闻不到臭味。

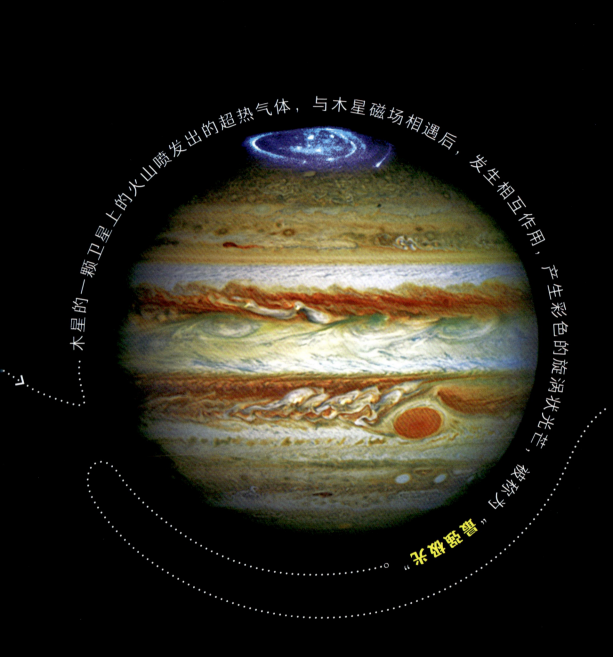

木星的一颗卫星上的火山喷发出的超热气体，与木星磁场相遇后，发生相互作用，产生彩色的旋涡状光芒，被称为"普罗米修斯"。

它与电影《指环王》中的**反派**索伦的眼睛惊人地相似。

2021年，在澳大利亚亚海岸发现的一座古老的已坍塌的火山被命名为"索伦之眼"。

潜入水底

日本的青岛村所在的岛屿是一座**火山岛**。

跳转至第192页

好咸

生活在东亚和东南亚海岸的**清白招潮蟹**会在食物匮乏的时候在洞穴里储存食物。

海洋底部含盐度过高的水体可以形成**盐卤池**，其与正常海水之间有分界线。

智利一座**废弃煤矿**的部分矿井延伸至海底。

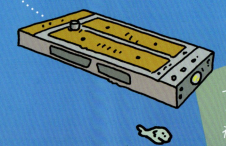

一艘在南极洲附近失踪了一个多世纪的**探险船**，终于被一个机器人找到了。

坦桑尼亚一家酒店的房间漂浮
在海岸边的甲板下面。客人可以住
在**水下房间**。

登记入住

智利的魔法山酒店坐落在雨林深处，外形似一座小山。

跳转至第84页

奇妙的入口

在加利福尼亚淘金热期间，
一艘名为"尼安蒂克"的船
被遗弃在旧金山湾。
后来它被拖到陆地上，
并被打造成一家酒店，
最终又被埋在城市下方。

客人只有通过树木顶端的高空吊桥才能抵达酒店入口。

探索地下世界

位于突尼斯的
马尔哈拉酒店建在
沙漠地下的洞穴中。

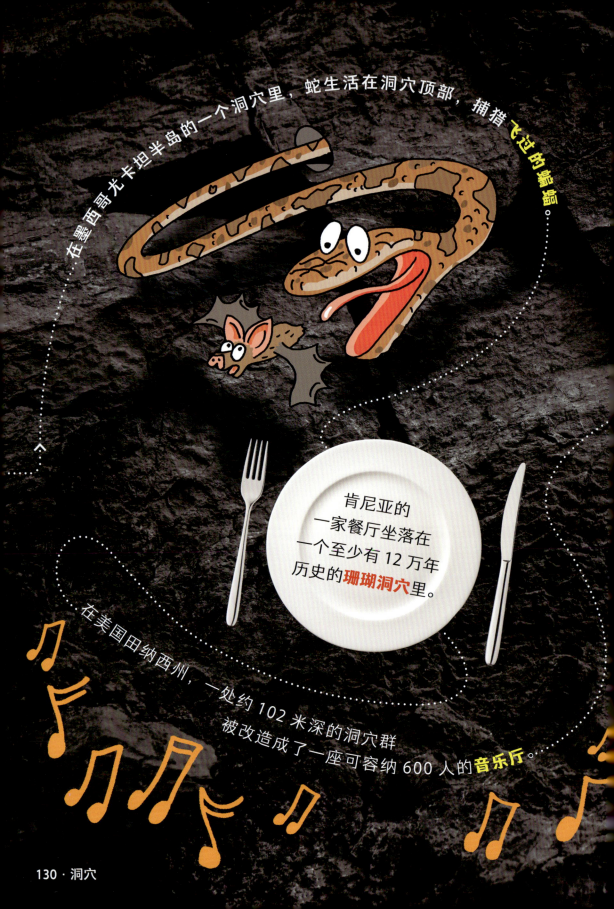

在墨西哥尤卡坦半岛的一个洞穴里，蛇生活在洞穴顶部，捕猎飞过的蝙蝠。

肯尼亚的一家餐厅坐落在一个至少有 12 万年历史的**珊瑚洞穴**里。

在美国田纳西州，一处约 102 米深的洞穴群被改造成了一座可容纳 600 人的**音乐厅**。

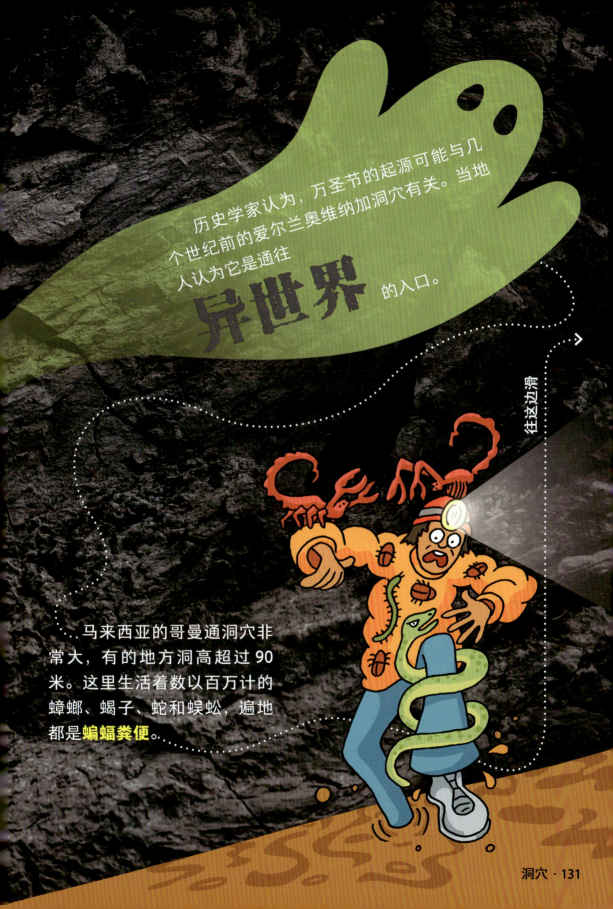

历史学家认为，万圣节的起源可能与几个世纪前的爱尔兰奥维纳加洞穴有关。当地人认为它是通往**异世界**的入口。

马来西亚的哥曼通洞穴非常大，有的地方洞高超过 90 米。这里生活着数以百万计的蟑螂、蝎子、蛇和蜈蚣，遍地都是**蝙蝠粪便**。

往这边滑

一些公司设计的动物**全息图**可以用来充当宠物，这些动物包括狗、猫、**水族馆**里的鱼，甚至恐龙。

日本人发明了一种可以让人**触**摸的新型**全息图**。

科学家创建了一个虚拟的在线**水族馆**，让人们可以探索遥不可及的**深海**。

星鼻鼹生活在**地下**，它们鼻子周围的**触**觉感受器数量是人手的 5 倍。

在夏威夷一座古老的**火山**下，有一条熔岩管绵延约 64 千米，深入**地下**超过 900 米。

一些专家认为，机器蛇可能是探索**火星**隧道的最佳工具。

1110 年 5 月的一个夜晚，地球的**卫星**——月球从英国上空消失了。900 年后，科学家发现月球当年可能是被冰岛**火山喷发**产生的火山灰遮住了。

火星原本很可能只有一颗大卫星，其在火星引力的作用下被撕裂，最终形成现有的两颗小**卫星**。

科学家在**深海**中发现了会发**光**的鲨鱼。

在紫外线下，黄短头蟾的**骨骼***散发的**光**芒透过皮肤清晰可见。

* 在英语中，bone 有"骨骼"的意思，下一条的"骷髅"与之意思相近。

耶鲁大学的**骷髅**会是拥有百余年历史的秘密社团。该社团的成员聚会的地点被称为"坟墓"。

"入骨三分"

美国最深的淡水**湖**位于塌陷的**火山**口内。

有着上千年历史的中国古代**城市**——狮城（原浙江省遂安县城），已经完全沉入千岛**湖**底了。

约 3600 年前，爱琴**海**的一次**火山喷发**将附近的小镇阿克罗蒂里完全掩盖在 7 米厚的火山灰之下。

里奥尼斯是不列颠群岛上一个失落的王国。传说，它可能是几千年前沉入**海**底的一座真实的**城市**。

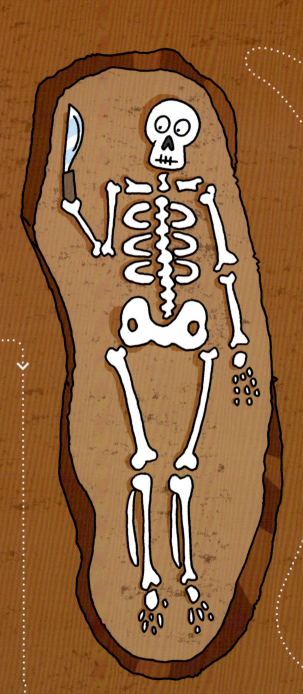

骨瓷是一种在瓷泥中加入**动物骨灰**的陶瓷。

尽管哺乳动物的骨骼外表坚硬，但大多数哺乳动物的骨骼中都充满了一种叫作骨髓的**柔软**组织。

意大利考古学家发现了一名**中世纪战士**的遗骸。该遗骸的断臂处接了一把刀，代替他失去的手。

脊椎动物身体左右对称，体内有脊柱和发达的头骨。它们只占所有已知动物物种的很少一部分。

中国已发现最早的成体系的成熟文字是**甲骨文**。甲骨文通常刻写在牛的肩胛骨或龟甲上，偶尔也会发现刻在羊骨、猪骨或虎骨上。

科学家在南非的一个墓穴中发现了 1550 多块**已灭绝**的纳莱迪人的骨头和牙齿的化石。

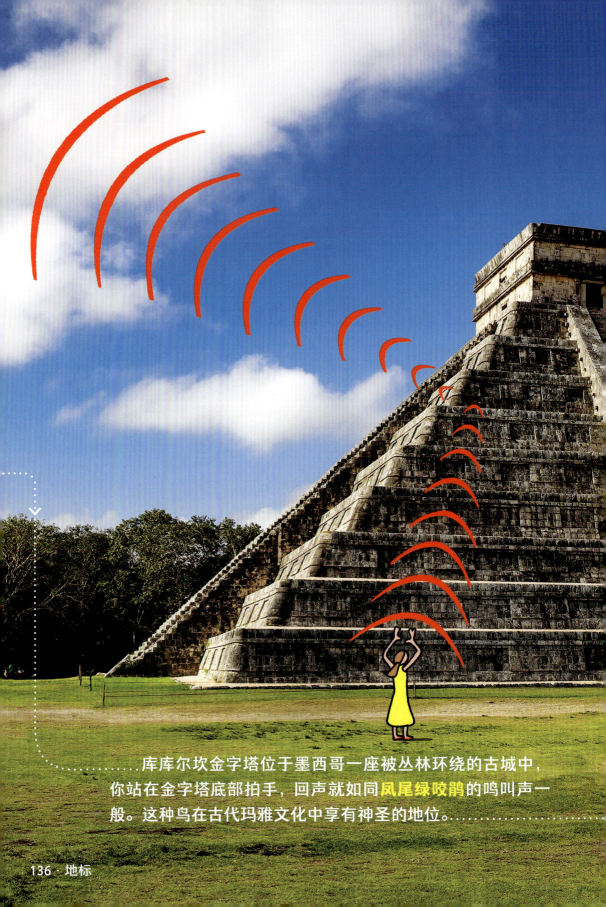

库库尔坎金字塔位于墨西哥一座被丛林环绕的古城中，你站在金字塔底部拍手，回声就如同**凤尾绿咬鹃**的鸣叫声一般。这种鸟在古代玛雅文化中享有神圣的地位。

丛林冒险

亚马孙雨林
有一条地下河，
其长度几乎和亚
马孙河一样，宽
度却是亚马孙河
的数百倍。

只有很少的**阳光**能到达热
带雨林的地面。因此，大多数热
带雨林里都非常昏暗。

在柬埔寨境内发现的一块古代碑文揭示了一座千年古城的存在。
这座古城一直被茂密的丛林覆盖，直到 2019 年，
考古学家才利用**激光技术**找到它。

科学家在秘鲁的丛林中发现了一张**神秘的蜘蛛网**，
其因形状酷似著名的巨石阵而被称为"蛛丝巨石阵"，
但科学家还不知道它究竟是哪种蜘蛛织的网。

↑
跳转至第157页

隐入黑暗

　　林鸱是一类生活在中、南美洲丛林中的鸟，其羽毛上有灰色、黑色和棕色的花纹。它善于站在树干上伪装自己，可以**一动不动**地待上几个小时。

一起飞鸟吧！

夜鹰又叫“食乳鸟”，传说，它在夜间会偷喝山羊的奶。

一些科学家通过观察鸟类能否识破

魔术 来更好地了解其思维方式。...

阿布拉卡达布拉！（一句咒语）

……20世纪50年代，英国魔术师大卫·巴格拉斯创造了一种纸牌戏法——他能猜到观众心中所想的是哪张牌。没人知道这种表演效果是如何实现的，人们称之为"**巴格拉斯效果**"。

跳转至 第38页

一临届电翁

喵！

药材牛黄其实是牛的干燥**胆结石**。早在2000多年前，中医就开始用牛黄治疗疾病了！在阿拉伯，牛黄有"解毒石"的美名。在"哈利·波特"系列图书和电影中，牛黄也作为药材出现过。

在俄罗斯，有一只猫在网络上走红，竟然是因为有人相信它会读心术。

在新西兰，一只猫因"偷"邻居的**袜子和内裤**，并将它们堆放在主人家中而出名。

挖掘出来 ›

除了家猫木乃伊，古埃及人还制作了**狮子木乃伊**，但迄今为止这很罕见。

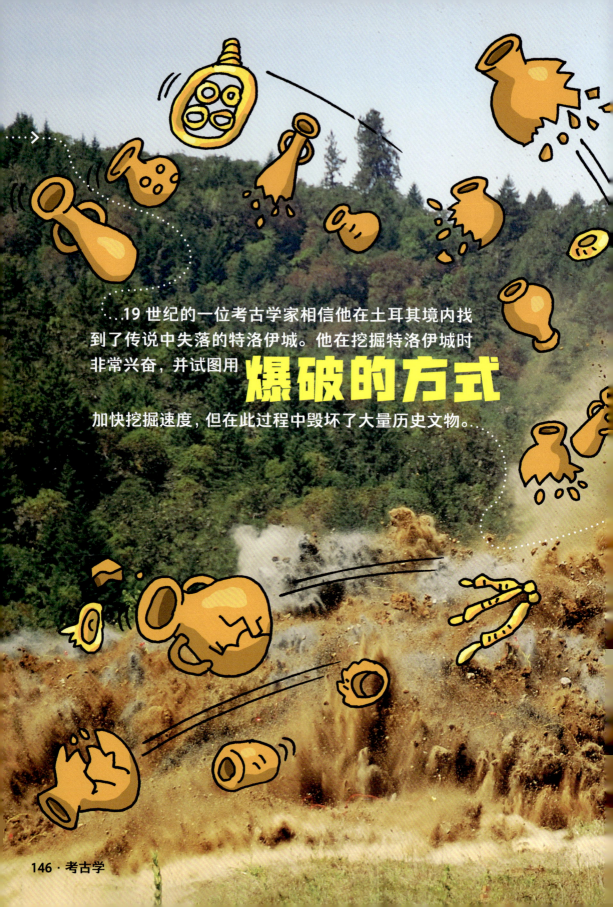

19 世纪的一位考古学家相信他在土耳其境内找到了传说中失落的特洛伊城。他在挖掘特洛伊城时非常兴奋，并试图用**爆破的方式**加快挖掘速度，但在此过程中毁坏了大量历史文物。

这可是老古董呢!

科学家在分析 2000 年前的仙人掌**针**状刺时，发现针尖中隐藏着墨水颜料，这意味着它们在古代很可能曾被用来文身。

为了制造更好的医用**针**头，科学家研究了**蜘蛛**毒牙的内部，看它们是如何释放毒液的。

一些公司生产的衣服上有隐藏的**太阳**能电池板，可以用来给**手机**充电。

人们认为，由冷气体组成的**隐形**"盾牌"可以使地球免受**太阳**风暴带来的伤害。

谷歌在某些**手机**和平板电脑的应用程序中，嵌入了一款隐藏的**弹球**游戏。

纽约一家**弹球**游戏厅的老板把入口**伪装**成洗衣机的样子。

有一种**蜘蛛**会在洞口织出一个网状活板门，然后躲在门下面，随时准备扑向**猎物**。

有些狐狸可能会利用地球上**隐形**的磁力找到并捕食藏在深雪之下的**猎物**。

曾经有一个名叫玛丽·里德的英国女人**伪装**成男人，并成了一个臭名昭著的**海盗**。

1692 年，著名的**海盗**之城——牙买加的罗亚尔港发生地震后，完全沉入水底，成了失落之城。

它去哪里了？

根据古代历史学家的记载，巴比伦这座 4000 多年前建立的城市位于现在的伊拉克境内，其拥有被称为"世界七大奇迹之一"的**空中花园**。据说，空中花园曾经是一个由拱门和露台组成的巨大的垂直花园。不过如今它已经消失得无影无踪，没人能证明它是否真实存在过。

研究人员利用卫星在利比亚的沙漠中发现了一些**城堡**。它们很可能是加拉曼特人建造的。

黄沙漫天

沙尘暴

是指在缺水、干旱地区，由强风引起的天气现象。

严重的沙尘暴甚至可以遮蔽日光。

电影《星际迷航Ⅱ》中一种外星野兽的形象源自一种叫作"**蚁狮**"的真实昆虫。在捕食时，它会将尾部用力向下拱，让身体后退藏进沙子里，然后再猛地冲出来，把毫无防备的猎物拖进沙子里。

两位巴西艺
术家展出了世界
上**最小的沙堡**，
他们将这些沙堡
雕刻在沙砾上。

游客只有通过浮潜或水肺潜水的方式才能参观澳大利亚的水下艺术博物馆。

马来西亚
槟城的
黑暗 3D（三维）
荧光博物馆
（大黑殿）
的所有展品
都能在
黑暗中**发光**。

关灯

西班牙加那利群岛上的穆查丘斯罗克天文台坐落于地球上**光污染最少**的地方。

有些花只在夜晚

绽放

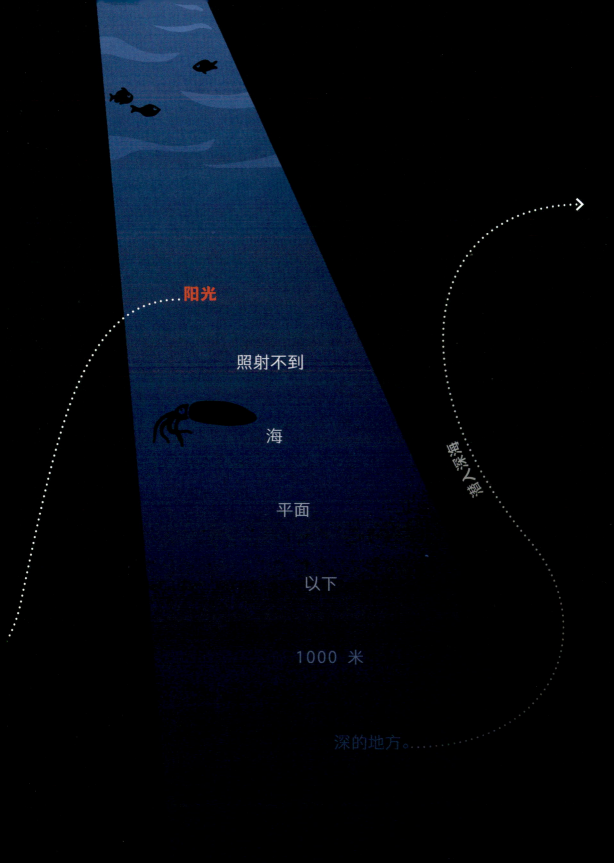

阳光

照射不到

海

平面

以下

1000 米

深的地方。

潜入深海

在深海，海洋漩涡可以形成生物**无法逃脱**的区域，类似于太空中的黑洞。

许多深海鱼体内都有**黏糊糊的果冻状组织**。科学家认为，这可能有助于它们在深海中游泳。

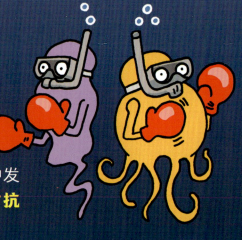

科学家认为，在深海中发现的一些微生物可用于**对抗病毒**。

生活在超深渊带的一种类似虾类的动物，通过分泌出一种物质在身体周围形成一层盔甲，来保护自己**不被深海中的压力压碎**。

传说，在古希腊时期，
马其顿王国的亚历山大大帝
曾将自己放入一个
防水的玻璃容器
中潜入深海
进行探索。

探索发现

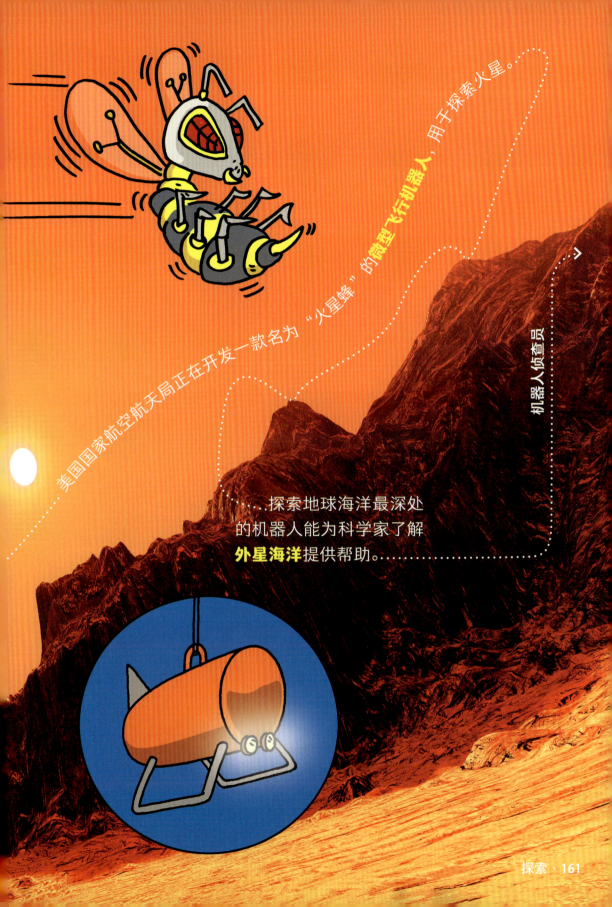

美国国家航空航天局正在开发一款名为"火星蜂"的微型飞行机器人，用于探索火星。

机器人侦查员

探索地球海洋最深处
的机器人能为科学家了解
外星海洋提供帮助。

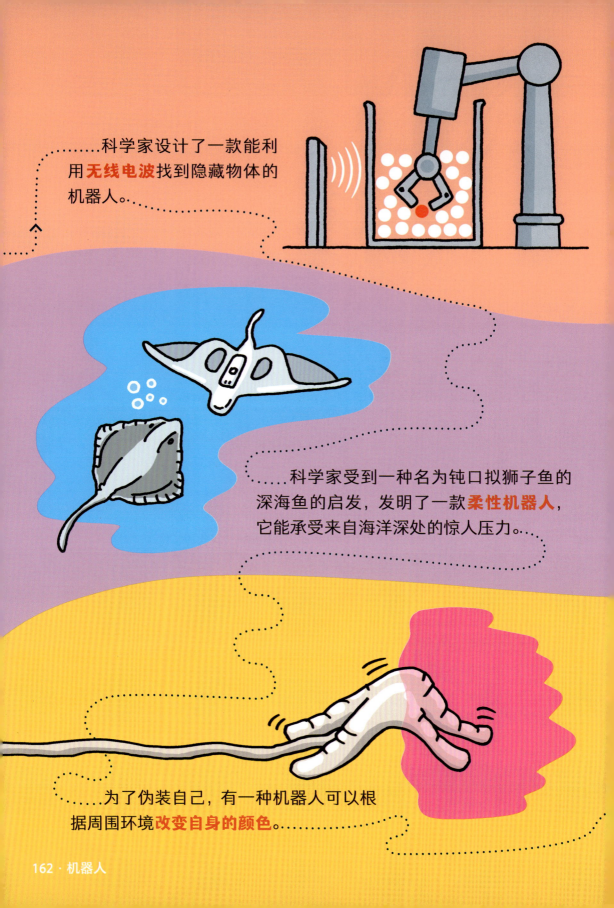

科学家设计了一款能利用**无线电波**找到隐藏物体的机器人。

科学家受到一种名为钝口拟狮子鱼的深海鱼的启发，发明了一款**柔性机器人**，它能承受来自海洋深处的惊人压力。

为了伪装自己，有一种机器人可以根据周围环境**改变自身的颜色**。

科学家发明了一款能在水下

隐形

的机器人。

发现恐龙

在一项全美范围的寻宝比赛中，参赛选手必须找出藏在美国境内某处的与真实恐龙一样大小的**恐龙机器人**。赢家可以获得这个机器人。

跳转至第46页

大小了

有些恐龙的羽毛和鳞片化石中含有被称为"黑素体"的**微小颗粒**，古生物学家可以通过研究它们来推测恐龙的颜色。

有些恐龙身上不同部位的颜色有所不同，比如其背部的颜色较深，腹部的颜色较浅。这有助于它们**伪装**自己。

某些种类的恐龙可能是夜行性的——这意味着它们通常只在**夜间**活动。

太黑了

一种类似跳蚤的**海洋**动物有着能使其**隐形**的涂层。

有一种科技可以让消防员看到一些由**隐形**化学品引发的无形**火**灾。

科学家正试图制造一种微型的类似海绵的材料。它可以从**海洋**中提取微量**黄金**。

每年 10 月，美国的几个农场都会在玉米地里举办"夜间**迷宫**"大赛，参赛者必须在黑暗中穿行。

据估计，每年有价值约 1400 万元的**黄金**丢**失**，它们是从瑞士的下水道流走的。

美国犹他州的一个峡谷里布满了洞穴，该峡谷仿佛一座蜿蜒曲折的**迷宫**。美国的一些**盗贼**曾把这里作为藏身之处长达 30 年。

为了及时察觉**盗贼**的入侵，东亚地区的一些人会饲养**蟋蟀**当宠物。蟋蟀受到打扰时就不会再鸣叫，以提醒主人有入侵者。

在法国的一个村庄，有一块刻有神**秘**文字的**岩石**。它记录了 230 年前的事情，解读出文字的人可以获得现金奖赏。

美国国家航空航天局的科学家，在一个**火星**探测器降落伞的图案中隐藏了一条**秘**密信息。当探测器降落在火星上时，观众便可以通过影像看到这条信息。

美国内华达州的**火**焰谷，阳光照射在**岩石**上时会折射出火焰般的颜色，犹如在燃烧。

火星上可能存在生命，它们以微生物的形式生活在地下深处。

放大 ·········>

一只名叫奥利弗的**狗**在英国矿井中走**失**，4 天后被寻回。

科学家发现了生活在**火山**熔岩流上的**蟋蟀**。

在冰岛，有的厨师会把面包**埋**在**火山**温泉下的泥里烤。

埋骨头是**狗**的本能。一般来说，将骨头埋到土里，可以让骨头保存得更长久。

跳转至第79页

饿了吗？

在沉没 4 个多世纪后，

英国国王亨利八世的"玛丽·罗斯"号

轮船被发现并在英国展出。

然而，这艘船正在被

看不见的细菌的粪便

慢慢侵蚀。

谁说了算？

国际空间站上的航天员，在空间站的餐

桌上发现了一种前所未见的细菌。

美国前总统**卡尔文·柯立芝**喜欢戏弄他的保镖，他要么躲着他们，要么试图从他们身边溜走。

奥斯曼帝国的一位苏丹曾制造了一个单向屏风。在议会会议上，他坐在屏风后面，议会成员永远无法确定苏丹是否在观察他们，所以他们必须始终表现得就像他一直在看一样。

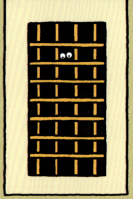

跳转至第107页

登机时间到

荷兰的**威廉·亚历山大**国王曾经有一个秘密爱好——在当地一家航空公司兼职客机副驾驶员。

嘘！这边走

英国王室成员如果想要离开温莎城堡，可以使用一扇有**800多年历史的活板门**。这扇门通向一条秘密的逃生通道。

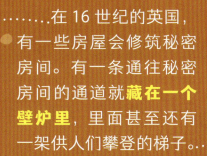

在 16 世纪的英国，有一些房屋会修筑秘密房间。有一条通往秘密房间的通道就**藏在一个壁炉里**，里面甚至还有一架供人们攀登的梯子。

在阿拉伯联合酋长国，一家购物中心的设计师精品店内设有通往秘密楼层的**隐藏式电梯**，受邀的贵宾可乘坐此电梯去进行私密购物。

逃出生天

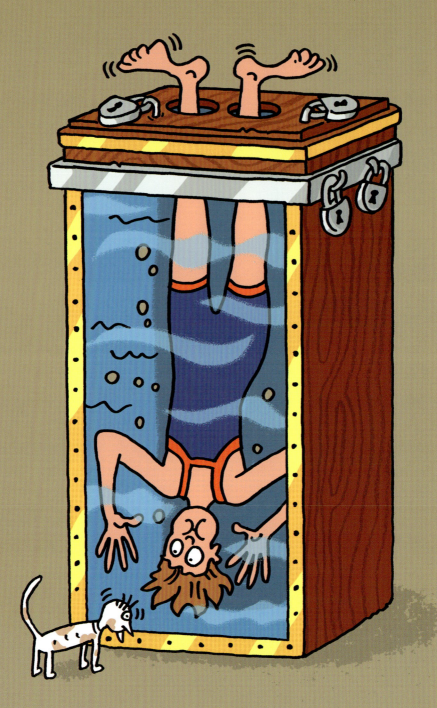

匈牙利裔美国**逃生艺术家**哈里·胡迪尼被固定住后放进一个大的容器中,然后,容器被上了 6 道锁扔进水中,最终他成功逃生。

紧紧锁住

跳转至第53页

3 名囚犯偷偷
把雨衣缝在一起，
制造了一个筏子，
他们用这种办法逃离了
美国加利福尼亚州旧金山湾
一座戒备森严的监狱——
恶魔岛监狱。

20 世纪 60 年代，有两个人躲在中空的**牛的雕像里**，
从东柏林进入了西柏林。

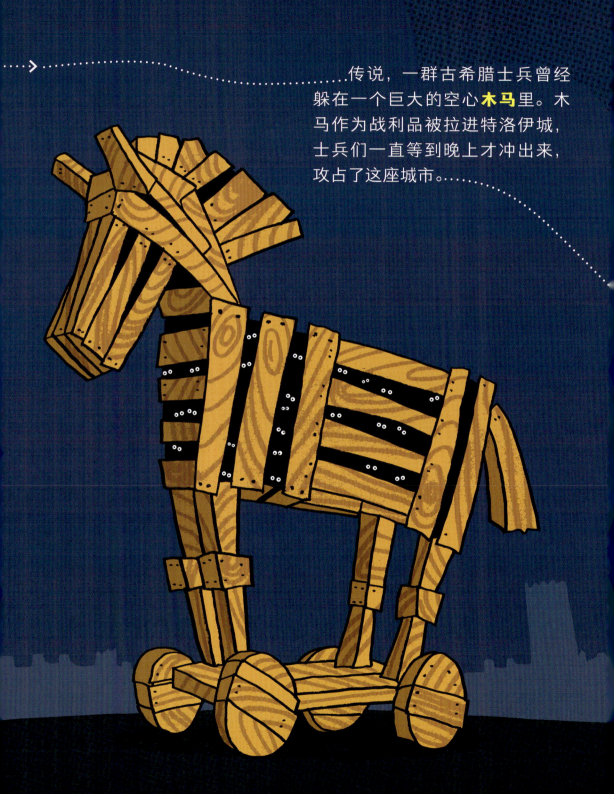

传说，一群古希腊士兵曾经躲在一个巨大的空心**木马**里。木马作为战利品被拉进特洛伊城，士兵们一直等到晚上才冲出来，攻占了这座城市。

20 世纪 70 年代，两位苏联科学家提出一种理论，他们认为**月球**实际上是外星人为了研究人类，秘密制造并放置在地球附近的一颗空心卫星。

儿童游戏

第二次世界大战期间，一名法国妇女将一个藏有重要文件和假身份证件的中空**木制鸭子玩具**偷运到法国。

打开这些色彩鲜艳的

俄罗斯套娃，

你会发现里面有一个更小的娃娃，再打开，里面还有更小的，以此类推，最小的俄罗斯套娃通常只有桃核般大小。

向内窥探 ➤

科学家通过研究**地震**波，发现地球内部有超过 1000 万亿吨**钻石**。

一场**地震**引发的海啸让一座印度古城的部分遗迹再现，其中包括大象、**狮子**和马的雕像。

科学家发现了一颗"套娃式"**钻石**——一颗钻石里面还有一颗钻石。

一伙盗贼在偷走一辆卡车后就如**消失**一般，再也没被找到。那辆车上有价值约 8 万美元（约合 60 万元人民币）的**糖果**。

博茨瓦纳的一项研究发现，如果农民给牛的屁股画上眼睛来加以**伪装**，**狮子**就不会去猎捕牛。

有的**家具**上设计有**伪装**成底座的暗格。

2014 年，中国科学家利用遥感技术获取的古遗址信息，再现了已经**消失**的新疆古代长**城** *。

为了节省空间，一些**家具**（如桌子、长凳甚至床）可以折叠并收纳进**墙壁**中以完全隐藏起来。

*此处的"城"与上一条的"墙壁"在英语中均为"wall"。

传统的"皮纳塔"是一种装着**糖果**的、装饰华美的**陶罐**（现在也有不同材质和形状的）。西方人庆祝生日和节日时打破皮纳塔的传统，可能起源于古代中国或者南美洲的阿兹特克文明。

通过分析古代**陶罐**上的指纹，研究人员可以了解其创作者的年龄等信息。

一起来破案 →

1.

法医语言学家通过分析人们说话和书写方式中隐藏的
规律或特征来协助警方破案。

2.

当今的科技可以通过研究头发中特有的细菌来识别
一个人的身份。

3.

科学家通过追踪微小的闪光颗粒来协助警方破案，
这种颗粒很难被洗掉。

4.

植物学家通过追踪犯罪现场的独特植物或花粉的微
小碎片来帮助警方破案。

5.

法务会计师通过研究银行账户和犯罪嫌疑人如何花
钱来协助警方破案。

该付钱了 >

西班牙的一只獾在寻找食物时意外挖出了一堆**古罗马钱币**。

跳转至第158页

重返深海

17 世纪晚期的一位欧洲神学家声称，在尸体嘴里放**一枚硬币**可以阻止"吸血鬼"来侵害它们。

太可怕了!

专家们在位于哥伦比亚海岸的一艘**18 世纪的沉船**中发现了价值数百亿元的宝藏。

在希腊神话中，一位英雄躲在 **独眼巨人** 的羊群中，逃过了会吃人的独眼巨人的追杀。

盲眼洞穴鱼、若干岛洞狼蛛和洞螈等部分穴居动物生来就**没有眼睛**。

下沉

跳转至第126页

这太夸张了！⟶

有些鱼生活在几乎漆黑一片的深海中，它们拥有**超灵敏的视觉**，能看到人类看不到的颜色。

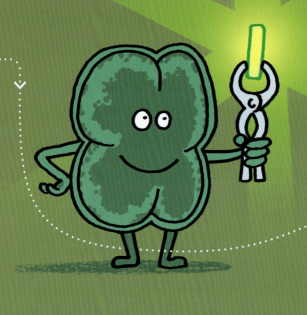

有一种细菌可以承受的最大辐射量是人类能承受的最大辐射量的**1500倍**。

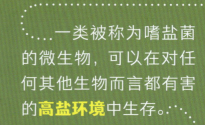

一类被称为嗜盐菌的微生物，可以在对任何其他生物而言都有害的**高盐环境**中生存。

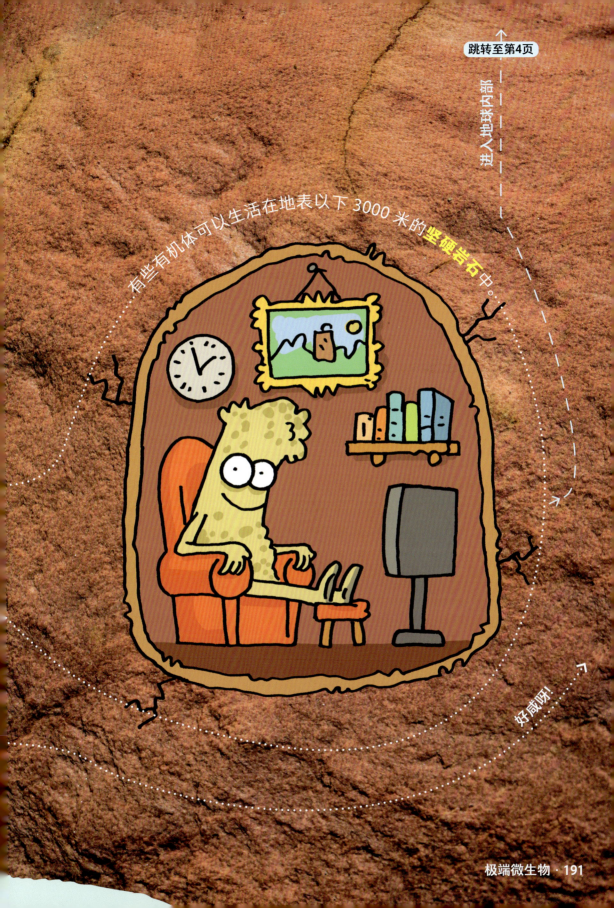

跳转至第4页

进入地球内部

有些有机体可以生活在地表以下 3000 米的**坚硬岩石**中。

好咸呀!

在哥伦比亚，一座位于地下约183米处的**大教堂**是由盐矿改造而成的。

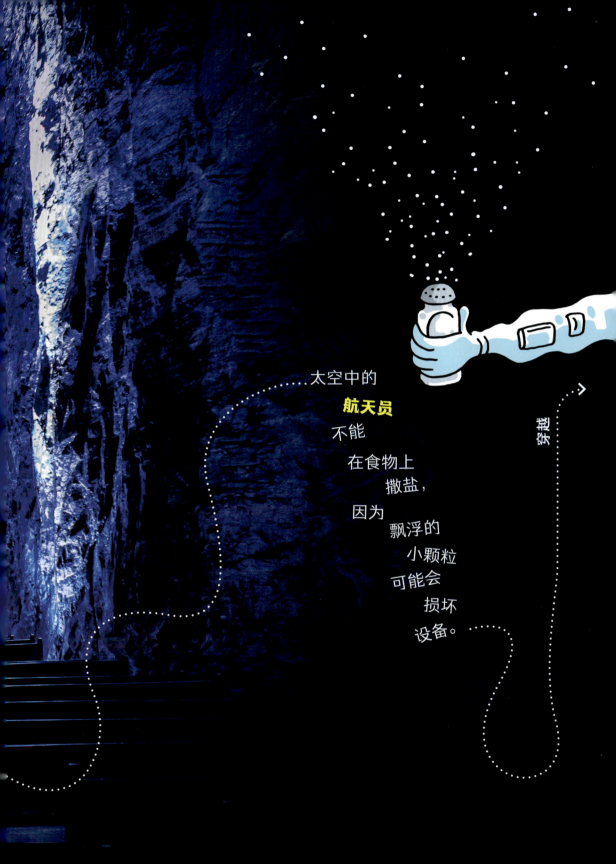

太空中的
航天员
不能
在食物上
撒盐，
因为
飘浮的
小颗粒
可能会
损坏
设备。

穿越

科学家认为，在太阳系中可能

隐藏着数干个**微型黑洞**，其中一些黑洞可以无害地穿过地球。

这些词在哪里

（按音序排序）

注：这里的页码提示你包含这个关键词的最精彩内容在哪里。

特约策划：敖德
特约编辑：徐苹